人生を棒に振らないために
やっておきたいこと、ぜんぶ

マイナス相続

サバイバルガイド

永峰英太郎

司法書士法人はやみず総合事務所代表 司法書士 速水陶冶 監修 大塚英司 税理士法人トゥモローズ代表 税理士

東洋経済新報社

まえがき　突然あなたを襲う「マイナス相続」という絶望

「相続は他人事」の思い込みは「破産」を招くリスクあり

「遺産相続」と聞いて、皆さんは何を思いますか？

「うちは、そんなに財産はなさそうだし……」「まだまだ親は元気だから、関係ないし……」などと、他人事として捉えている人が多いのではないでしょうか？

このように、他人事として親の財産に無関心でいると、親が亡くなった段階で、はじめて親の遺産と向き合うことになります。

そうすると、何が起こるでしょうか。

あなたに、**さまざまな〝災難〟**が襲い掛かってくることになるのです。

第一に、**あなたを破産に追い込む**可能性があります。

「え!?」と、驚かれた人も多いのではないでしょうか。

親が借金を負った状態のまま亡くなると、相続放棄をしない限り、**相続人が借金を引き継ぐ**ことになるのです。そして相続放棄の申請は、**基本的に死後3か月以内という期限**があります。

「自分の親は借金なんてしてないから、関係ない」と思われますか? しかし実は、親が亡くなったあと初めて親が借金をしていたことを知った、というケースは、決して少なくないのです。

例えば私の友人は、父親の死から2か月後、父親が多額の借金をしていたことが判明し、ギリギリのタイミングで相続放棄をしています。

遺産相続を自分事として捉え、事前に親に聞くなどして、大まかな財産を把握しようとすれば、その過程で借金の有無を知ることができます。

その結果、借金返済の仕方を話し合ったり、相続放棄を視野に入れておくといった準備を講じることができるのです。

「借金」がなくても、さまざまなリスクがある

親に借金がない場合でも、親の財産に関心がないと、**多額の相続税が発生する**事態になりかねません。

2014年2月に母が他界すると、認知症の父の財産の管理は、長男である私がすることになりました。そこでわかったのは、「このままだと相続税が発生する」という事実でした。

相続税が発生することを**親の存命中に**知っておけば、相続税対策を講じることができま

す。

私の場合は、詳しくは本書で触れますが、父の存命中は家を購入しない選択をし、父の土地の評価額を8割減らすことができました。その結果、**相続税の額は50万円ほど減りました。**

こうした相続税対策は、親が亡くなったあとではすることはできません。

もっといえば、**親が元気なうちに、早い段階で相続税対策を始めておけば、さらに万全**になります。

例えば、相続税対策の基本である「暦年贈与」という制度を使えば、年間110万円の財産を、子どもに無税で贈与できます。ですがこれは、被相続人が死去する7年より前に始めなければ、税務署は認めてくれないのです。

また、親が病気になることもあり得ます。

私の父は、亡くなる8年ほど前から認知症を患っておりました。その結果、**父が自分で行う必要がある相続税対策は、一切できませんでした。**

それだけに、親が元気なうちに、早く始めることが大切なのです。

相続税対策だけではありません。

親が認知症になれば、亡き配偶者の遺産相続は進められなくなります。定期預金や貸金庫などの解約も不可能になります。せっかくの親の財産は宙に浮いたままになるのです。

親が元気なうちに対策をすれば、これらはすべてクリアにすることができます。

「相続税は金持ちの税金」という時代は終わった

ここまで読んで「でも、相続税は〝金持ちの税金〟だから、我が家には関係ないし」と思った人もいるかもしれません。

相続税には基礎控除額があり、財産の総額がこの控除額を下回れば、相続税は発生しません。この基礎控除額が、法定相続人が2人の場合、ずっと「7000万円」でした。これが〝金持ちの税金〟といわれる由縁です。

しかし、この基礎控除額が、2015年に法定相続人が2人の場合で「4200万円」へと大幅に引き下げられたのです。1人の場合で「3600万円」です。

その結果、今現在、10人に1人は相続税が発生する事態になっており、東京都に限れば約2割です。

大学卒業後ずっとサラリーマン稼業で、埼玉県所沢市に小さな一軒家を持つだけの私の父でも、いくばくかの相続税が発生する事態となったのです。

私のようなケースは、多くの家庭でも起こり得ることだといえます。

もはや、相続税は「普通の税金」になっていると、断言できるのです。

親の財産に無頓着だと、親の財産の中で大きな比重を占める「親の家（家屋・土地）」にも、目を向けません。

しかし、そのスタンスでいると、親の死後、売ろうとしても売ることができなかったり、家をほったらかしにすることで家の価値を目減りさせる事態を招きます。

例えば、親が自分の親から引き継いだ土地に住んでいる場合、家の名義人が、親ではなく

祖父母のままの状態であるケースが少なくありません。とくに不具合は生じないからです。

では、この状態で親が亡くなると、どうなるでしょうか。簡単には名義人変更ができなくなり、**不動産を売ることは極めて困難**になります。その一方で、維持費と税金がずっと発生し続ける事態になるのです。

お金だけでなく「人間関係」リスクも

ところで、遺産相続の際、お金以外のトラブルが発生する可能性も高いことをご存じでしょうか。

それは、**兄弟姉妹間や親族間で起こる遺産トラブル**です。

親が健在なうちから親の財産に目を配り、家族間で相続について話し合っておけば、無理難題を主張する兄弟姉妹の存在などが明らかになってきます。

そのような場合は、**親に遺言書を作ってもらう**ことで、のちの遺産トラブルを回避することができます。あるいは、**家族会議を開き、平和裏に解決する**ことができるかもしれません。

一方、いきなり遺産相続となり、その額が明らかになった途端、自分に有利な主張をする兄弟姉妹が現れたら、最悪、調停による話し合いといった事態になってしまうのです。

そうなると、遺産相続は前に進まなくなります。

事前の対策で「マイナス相続」は解決できる

いかがでしょうか。

遺産相続について無関心でいると、借金を引き継いだり、防ぐことのできる相続税を発生させたり、親の家が売れなくなったり、さらには、兄弟姉妹トラブルを招くといったリスクが高いことが理解できたのではないでしょうか。

この本は、**こうした〝マイナス相続〟を解決するために必要なことをすべて詰め込んだ「サバイバルガイド」**です。

第1章では「親が認知症になると、遺産相続は一切進まなくなる」と題して、親が元気なうちにすべきことを、第2章では、相続税を発生させないためには何をすべきかをレクチャーしました。

第3章では、遺産相続の盲点である「親の借金」についてその対処法を述べ、第4章では、「相続時に露見する危険な『兄弟姉妹・親族リスク』」と題して、そのリスクを回避する対策を徹底指南しています。そして第5章では、親の家を「負動産」にしないための方策を紹介しています。

その内容は、自分の母や父、義父の遺産相続を経験した筆者の実体験や、数多くの経験者への取材をもとに構成しており、リアリティをもって実感できるものばかりだと自負しています。

遺産相続は、相続人の財産が増えたり、家族の絆が強くなるといったプラスの要素も多くありますが、一方で、ものごとが**思い通り進まないことや理不尽な思いもする**ものです。

このサバイバルガイドで、満足のゆく遺産相続を成し遂げましょう！

目次

まえがき　突然あなたを襲う「マイナス相続」という絶望……1
■「相続は他人事」の思い込みは「破産」を招くリスクあり
■「借金」がなくても、さまざまなリスクがある
■「相続税は金持ちの税金」という時代は終わった
■お金だけでなく「人間関係」リスクも
■事前の対策で「マイナス相続」は解決できる

第1章　親が認知症になると、遺産相続は一切進まなくなる
～だからこそ親が元気なうちにしておきたいこと

1-1　自分の親が認知症になるわけない
——その思い込みが相続を失敗に導く！……26
■高齢者の5人に1人は認知症？
■早め早めの対策が重要！

1-2 親が認知症になっても、正常な判断ができる時期はあるので、慌てないで……30
■認知症の基本を学んで正しい知識を持つ

1-3 親の実印登録がされていないと、相続は暗礁に乗り上げます……32
■親世代の女性の実印の有無を確認する

1-4 親の老後をフォローするうえで、マイナンバーカードは大切なアイテムです……34
■最寄りのコンビニで必要書類を取得できる

1-5 親の預貯金、ちゃんと引き出せますか？……36
■介護や入院はいつまで続くかわからない

1-6 金融機関の貸金庫は、相続時の疫病神です。不要なら即解約を！……38
■貸金庫のデメリットとは？

1-7 定期預金は、親が認知症になると厄介な存在になります……40
■金利のメリットより他のデメリットのほうが多い

1-8 親の生命保険の受取人が「夫→妻」「妻→夫」は、大きなリスクに！……42
■生命保険を受け取れない可能性がある

1-9 親が認知症だと、遺産相続の重要書類「遺産分割協議書」が作成できません……44
■遺産相続に関するよくある誤解

1-10 成年後見制度は最後の手段。安易に使ってはダメ！……46
■「成年後見制度」には問題点がある
■初めから「成年後見制度」に頼ってはいけない

1-11 これからの時代、親に遺言書を作ってもらうのはマスト！……50
■「遺言書」を作成しておくメリットとは？

■遺言書にはおもに2つの種類がある

1-12 家族の財産を守るための自筆証書遺言書の書き方……54
■遺言書を書いてみよう！

1-13 自筆証書遺言書の保管申請を行いましょう……60
■法務局での手続きについて

第2章 事前対策ゼロでの相続は、遺産の目減りを招く
～あらゆる手段を講じて、相続税発生を抑える

2-1 相続税は「金持ちの税金」？いえいえ「みんなの税金」です！……64
■基礎控除額が大幅に引き下げられた
■相続税対策に必要なコミュニケーション

2-2
ネット銀行やネット証券など、ネット上で取り引きされる金融資産も要チェック！……68
■要注意なのがネット上での取引

2-3
親の財産は相続税が発生するのかを確認しましょう！……70
■微妙なラインなら対策しておくのが吉

2-4
相続税対策の王道である「暦年贈与」が、改悪された！……72
■「暦年課税制度」のルール変更に要注意
■定期贈与を疑われないよう注意が必要

2-5
相続時精算課税制度が、相続税対策の新たな定番に！……76
■毎年110万円までは非課税に
■新制度のデメリットとは？
■暦年贈与と相続時精算課税制度のどちらを使うべき？

2-6
教育資金贈与の特例で、相続税をゼロにする……80

■この特例を利用するための鉄則とは？

2-7 「小規模宅地等の特例」を使って土地の評価額を一気に8割減！……82
■「小規模宅地等の特例」を使うためのルール
■あえて家を買わない選択をする
■相続税申告は本当に面倒……

2-8 配偶者が全財産を相続する「二次相続」は、デメリット面もある！……86
■二次相続を見据えて対策をする

2-9 マイルや電子マネーもしっかり相続する！……88
■相続が可能な〝マイル〟
■相続人はマイレージ会員になる必要がある
■親の電子マネーは相続できるのか？

第3章

遺産相続の盲点――それは「親の借金」

～親の借金が子どもに降りかからないためにすべきこと

3-1 親の財産は、プラスだけではなく、マイナスの財産もある――借金も含まれます……94

■自動的にマイナスの相続をすることもある

3-2 相続の方法は「単純承認」「限定承認」「相続放棄」の3つがあります……96

■プラスの財産を把握し、迅速な対応を

3-3 相続放棄は、借金を抱えた親を持つ子どもの当然の権利と思いましょう……98

■借金額が少額でも相続放棄する人は多い

3-4 3か月を超えても、正当な理由があれば相続放棄はできます……100
■借金の存在を知るのが遅いとどうなる?
■証拠と事情説明書を用意する

3-5 相続放棄は、勝手にやらず、相続人全員で情報を共有しましょう……104
■相続放棄は黙っていれば、誰も知らない
■自分の親の兄弟姉妹の居所、知ってる?

3-6 相続放棄を選択したら、被相続人の遺産の取り扱いには注意が必要……108
■自動車の相続に要注意

3-7 相続放棄は、家庭裁判所に申請します……110
■戸籍は最寄りの役所で一括請求できる

3-8
家を相続したくないという理由で、相続放棄するのは、リスクも伴います……114
■空き家の相続放棄の注意点
■相続財産清算人への費用はかなり高額
■相続放棄しても家の管理が続くケースもある

3-9
親の死後の借金の有無は、3つの機関を利用して確認する……118
■住宅ローンの返済の有無を確認する

3-10
相続人に及ぶ迷惑を回避するのならば、債務整理も1つの方法です……120
■債務整理=自己破産ではない
■任意整理で精神的な不安から解放される
■多重債務の場合は、自己破産も選択肢に

3-11
親が家を保持していれば、子どもが親の借金を肩代わりするのも1つの手……124
■借金は親の問題だけではないと伝える

第4章
相続時に露見する危険な「兄弟姉妹・親族リスク」
~身近な存在だからこそ、トラブルも多い

4-1 相続時、隠していた正体を現す兄弟姉妹。遺言書は必須です …… 128
■兄弟姉妹の遺産トラブルは普通のこと
■こうしたトラブルが、日本中で起こっている

4-2 親が子どもに遺す「遺言書」は、遺留分を考慮して作成してもらいましょう …… 132
■被相続人の子どもは遺留分がある

4-3 遺産相続に「不動産」がある場合は、4つの方法で分割しましょう …… 134
■ルールではなく、話し合いの場合は?

4-4
親の家を「とりあえず共有しよう」は、とっても危険な選択です……136
■一見、良い分割方法に見える「共有分割」

4-5
寄与分や特別受益を無視すれば、兄弟姉妹の関係性は悪化します……138
■寄与分を考慮すべきケース

4-6
相続放棄は、余計なトラブルを回避するための1つの手段になります……140
■将来の揉め事を未然に回避する手法

4-7
あなたに子どもがいない場合、相続人に「兄弟姉妹」が現れます……142
■子どもがいない夫婦は遺言書は必須

4-8
あなたに対し、遺言書で「何も譲らない」と書かれていたら、遺留分を請求する……144

■不平等な遺言に対抗するには？

4-9
兄弟姉妹に「遺留分がほしい」と訴えても拒否されたら、調停で話し合いを！……146
■調停の申し立ては自分でできる

第5章
ほったらかしが招く、親の家の「負動産」化
～事前に手を打っておき、しっかり相続&売却を！

5-1
親の家の「名義人」が親のままだと、子どもが売ることはできないので、要注意！……150
■不動産登記の「権利部」をチェック
■親自身が、家の名義人でない可能性もある

5-2
家の売却ができるように「登記申請書」を作成しましょう……154
■自分で所有権移転登記する場合の進め方
■「持分」が記入されていたら要注意

5-3
申請書一式をまとめて、法務局に提出しましょう……160
■対面してチェックを受けるのがオススメ

5-4
親の家の名義人を、存命のうちに、配偶者や子どもに変える……162
■名義人を変更する

5-5
親に「親の家」に関する書類を揃えてもらいましょう……164
■契約書は処分される前に聞き出す

5-6
親の家の売却時、大きな足かせになる問題は解決しておく……166
■抹消手続き済みでないと、家は売れない

5-7
親の家の「家屋」の価値を見極めましょう……168
■「中古物件=危ない」という認識は薄まっている

5-8
空き家になったら「維持」か「売却」かを決めましょう……170
■親の家の維持費用を考える

5-9
空き家を維持するためにかかる費用を把握しましょう……172
■税金面以外でも、さまざまな費用が発生

5-10
空き家の維持管理の仕方で、相続財産はアップします……174
■湿気対策をすれば、家の状態は保たれる

5-11
空き家の維持で、尽力したいご近所さんとの良好な関係……176
■屋内だけでなく屋外の維持管理を徹底する

5-12
特例を使って、譲渡所得税は「ゼロ」を目標に売却しましょう……178
■買い主による取り壊しでも特別控除の対象に

5-13 不動産仲介業者に打診する前に、相場価格などを調べておきましょう……180
■不動産情報サイトで、売り出し価格をチェック

5-14 親の家を売却するタイミングを見極めましょう……182
■攻めの姿勢で売るべき物件とは？

5-15 不動産仲介業者との契約は「専任媒介契約」を選びましょう……184
■一般媒介契約はデメリットばかり

5-16 親の家を売るための戦略を立てられる不動産仲介業者を選びましょう……186
■業者を選ぶときのポイント
■1円でも高く、親の家を売る！

あとがき 「死亡保険」の落とし穴……190
著者・監修者紹介……195

第1章

親が認知症になると、遺産相続は一切進まなくなる

〜だからこそ親が元気なうちにしておきたいこと

1-1

自分の親が認知症になるわけない

——その思い込みが相続を失敗に導く!

私の父が、認知症の検査を受けたのは、2012年8月。そこで医師から、父が71歳だった2010年頃に、アルツハイマー型の認知症を発症した疑いがあると、診断されました。

恥ずかしながら、父が認知症であることを私が知ったのは、2013年です。その間、母は父の病気を隠していました。「子どもに心配をかけたくなかった」とは、のちの母の言葉です。

3年もの間、なぜ、私は気づかなかったのか。じつは、この間、父の行動や言動がおかしかった場面は何回かありました。しかし私は、「疲れているのかな?」ぐらいにしか考えませんでした。「親父が認知症になるわけがない」と思い込んでいたのです。当時、私の周りに認知症になった人はいませんでした。これも「うちの親に限って」というバイアスを助長させました。

高齢者の5人に1人は認知症?

皆さんも、何の根拠もなく「うちの親は元気だから大丈夫」と考えていませんか?

しかし、実際には、高齢者のうち、5人に1人は認知症を患っているというデータもあるのです。浴風会病院認知症疾患医療センター長の古田伸夫先生に取材をしたところ、こう話してくれました。

認知症は誰もがなり得る病気

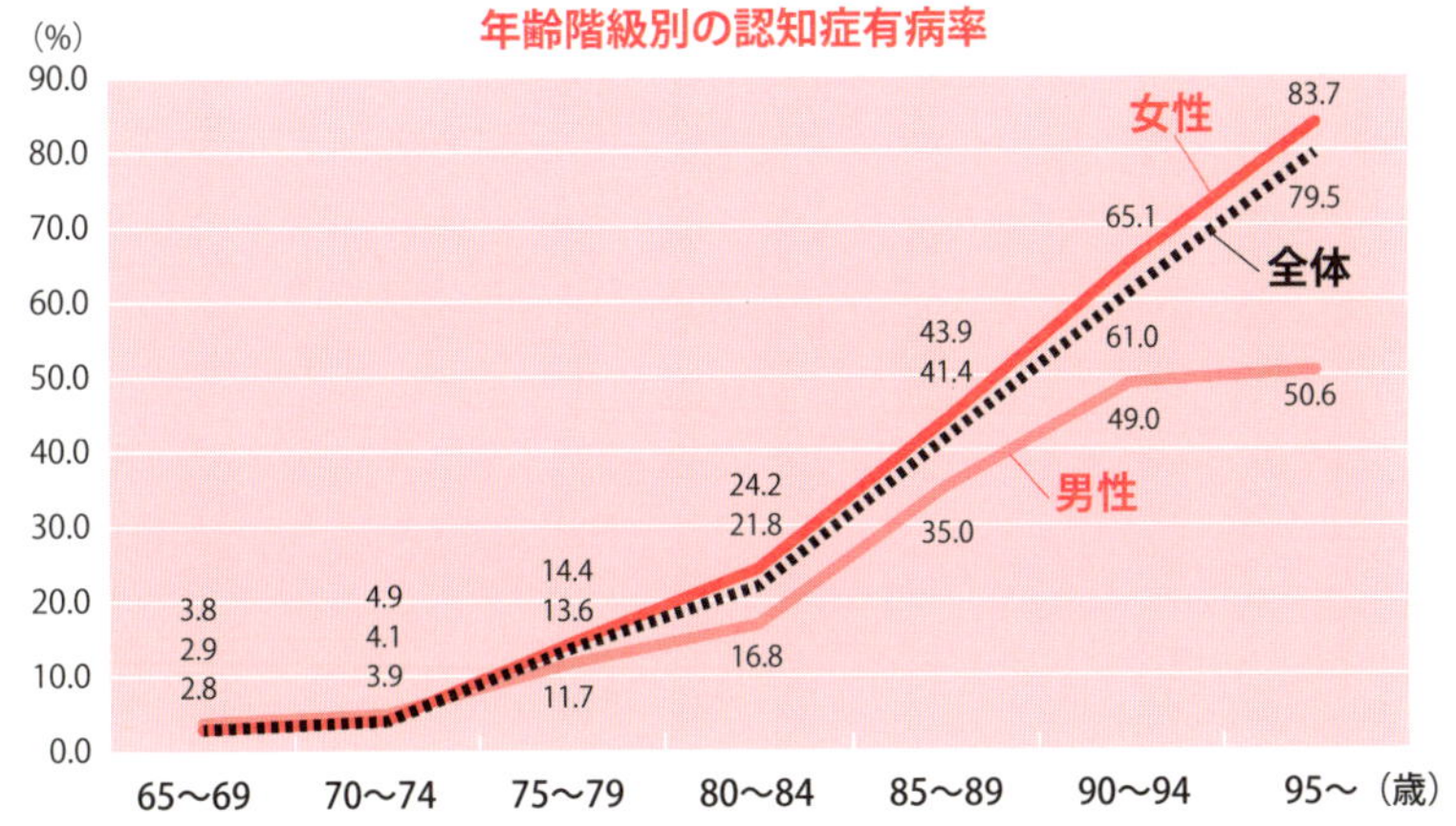

出典：厚生労働科学研究費補助金認知症対策総合研究事業「都市部における認知症有病率と認知症の生活機能障害への対応」（平成21〜24年）総合研究報告書、認知症・虐待防止対策推進室にて数字を加筆
研究代表者：朝田隆（筑波大学医学医療系）

「認知症は、病気や怪我によって、脳に障害を及ぼすことで起こります。そのなかで、一番多いアルツハイマー型は、アミロイドβやタウなどのたんぱく質が脳に溜まることで、神経細胞が破壊され、脳が萎縮し、物忘れがひどくなったり、判断・理解力が衰えたりするのです」。

そして驚くことに、このたんぱく質の蓄積は、「発症の約20年前から始まっている」そうです。私の父でいえば、50歳くらいの頃は、ラジオ局のアナウンサーとして、バリバリに働いていました。**認知症というと、怠惰な生活を送っていると思っている人も多いのですが、父のようなケースもあるのです。**誰もがなり得る病気だと、私は思います。

認知症の発症率は、70〜74歳で、3・9%、75〜79歳で、13・6%（上図参照）となっています。認知症は当人が隠すことはできない性質の病気です。

親が老いてきたら、子どもは「認知症の可能性はゼロではない」と思って、親の日常生活をしっかり観察すべきです。次ページに「認知症を疑うきっかけとなるような変化」を載せました。1位の「忘れ物・物忘れ・置き忘れを頻繁にするようになった」(74・6%)は、私の父がまさにそうでした。

親の日常生活をチェックして、認知症の疑いがあることがわかれば、早く治療に入れるため、病気の進行を抑えることもできます。

早め早めの対策が重要！

一方、認知症の疑いがないものの、日常生活をチェックするなかで、親の老いを感じるようになったら、将来的に親が認知症になること、あるいは、突然の重病を患うことを想定して、今のうちに対応策を講じておくことが重要になります。

詳しくは30ページ以降で触れますが、親が認知症であることが判明すると、金融機関は、一切取り引きに応じなくなります。例えば、私の父が認知症になったことで、父の定期預金や貸金庫の解約はできなくなりました。相続人に認知症の親がいれば、遺産相続も、まったく前に進まなくなります。

親しか知らない「情報」も、親が認知症や重病を患えば、お手上げ状態になります。私の母が末期がんで危篤状態になったとき、親の預貯金を下ろす必要が生じましたが、暗証番号を把握していたのは、母だけだったため、私が代わりに下ろすことはできませんでした。そういった事態を防ぐためには、**親の老いを感じた段階で、万が一を想定し、今のうちに手を打っておくことが何よりも大切**になるのです。結果として、親がずっと元気だったら「取り越し苦労だったね」と笑いあえばいいんです。

認知症を疑うきっかけとなるような変化（上位10項目）

家族は、どんなきっかけで、「もしかしたら認知症？」という疑いを持つのでしょうか。

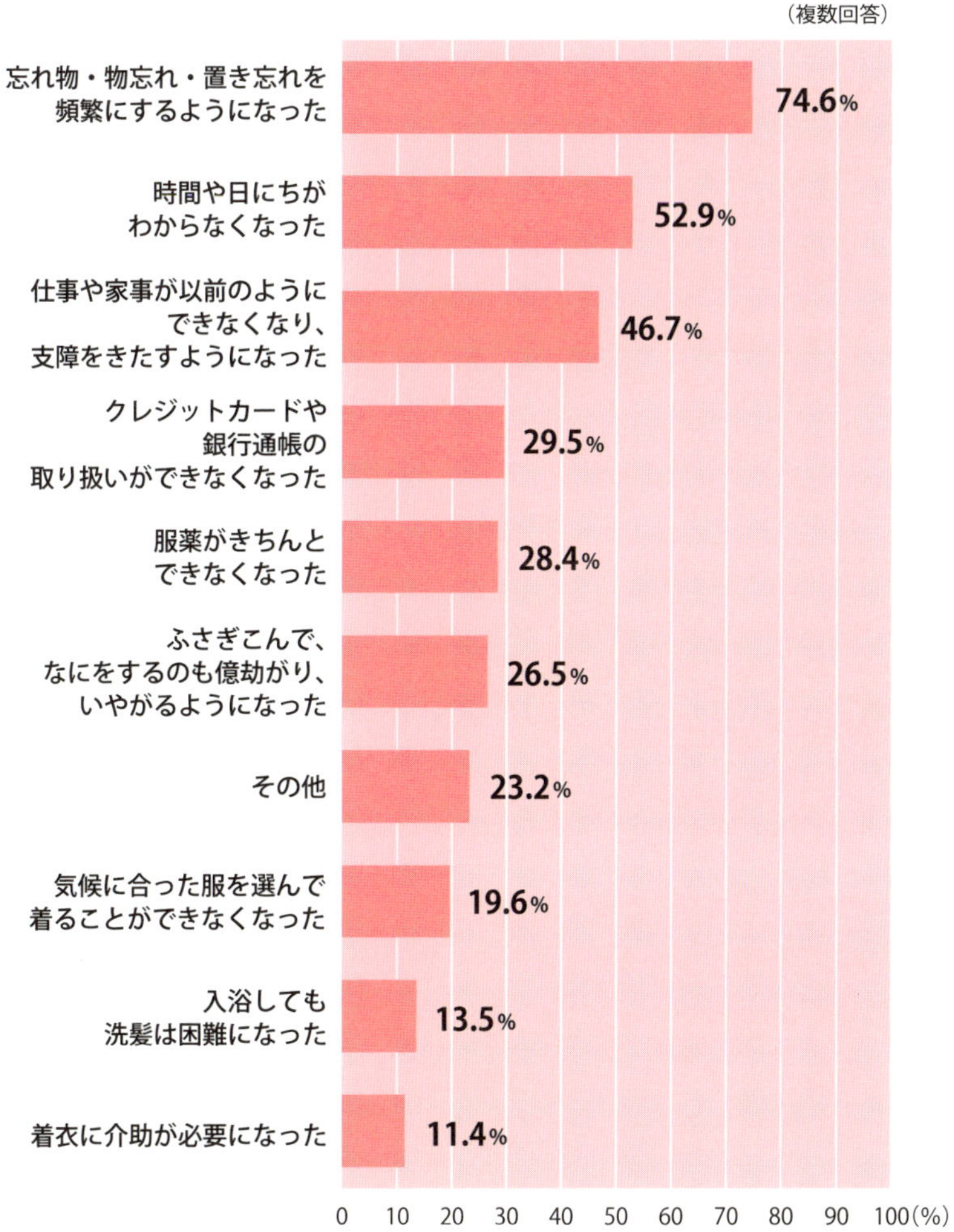

出典：「認知症の診断と治療に関するアンケート調査」（2013年）
調査主体・発行：日本イーライリリー株式会社
調査協力・報告書編著：公益社団法人認知症の人と家族の会（監修：片山 禎夫）

1-2

親が認知症になっても、正常な判断ができる時期はあるので、慌てないで

前項で、親が認知症になると、金融機関は預貯金の遺産相続に応じなくなると紹介しました。私がこの事態に陥ったのは、母が亡くなり、母の預貯金を相続するにあたり、金融機関に連絡を入れた際、私から相続人の父が認知症であることを伝えたからです。このことは、すぐに大きな後悔となりました。

末期がんの母が死去したとき、父は腰の圧迫骨折で入院しており、認知症の症状も悪化していました。

そのため私は、金融機関に「相続人の父が認知症である」ことを正直に伝えたのです。その結果、「そうであれば、不可能です」と言われます。

しかしその後、父が退院すると、症状は改善し、普通に会話もできるようになっていました。

認知症の基本を学んで正しい知識を持つ

預貯金を相続する際は、金融機関側に、遺産分割協議書（44ページ参照）を提出します。そこには、相続人全員の署名と実印の押印が必要になります。

症状が悪化していたとき、私は「親父はもはや書けない」と判断したのですが、その後の回復ぶりを目の当たりにして、「症状の改善を待って、署名できるか、確かめるべきだった」と後悔しました。

金融機関に、父が認知症であることを伝えた際、「認知症であっても、ご本人は署名などはできます

アルツハイマー型認知症の症状の進み方

アルツハイマー型認知症の進行度合いを、日常生活動作がどの程度できないかによって、7段階に分類したのが下に挙げた「FAST分類」です。簡単に言えば、FAST分類の「軽度」(Stage4)は、「記憶障害はあるが、家では問題のない状態」、「中等度」(Stage5)は、「家でもちぐはぐで、身の回りは多少手伝う必要のある状態」、「高度」(Stage6、7)は、「身の回りのことのほとんどが、手伝いが必要な状態」となります。

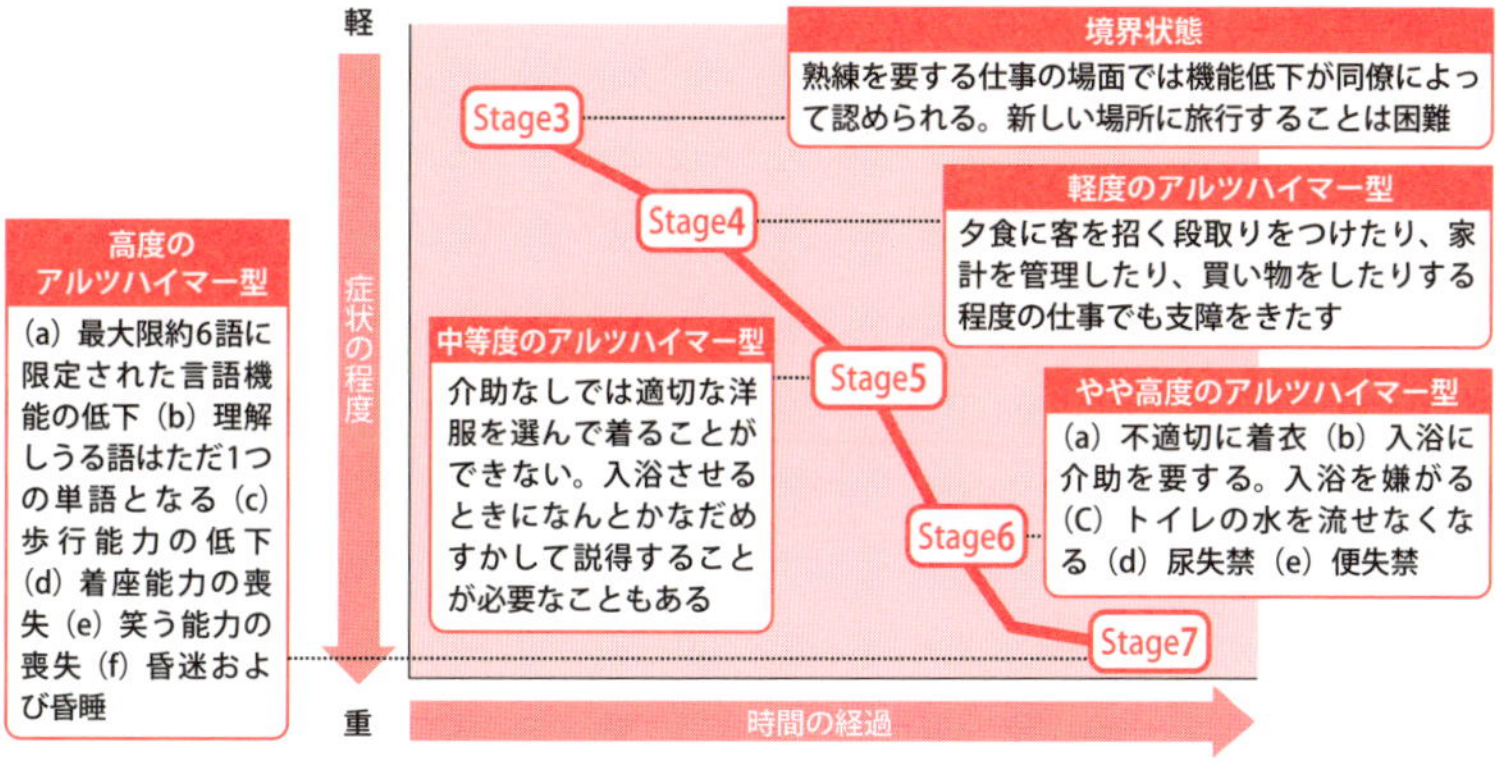

か？」とは一切聞かれませんでした。**「認知症＝遺産相続の手続きは認めない」とルール化されているのでしょう。**しかし、認知症の症状は段階を踏んでいきます。正常な判断ができる時期はあるのです。それだけに、**今、どのような状態なのか、しっかり子どもが見極めることが大切なのです。**

アルツハイマー型の進行段階を知るうえで、参考になるのが、日常生活動作の出来・不出来を7段階で分けた「FAST分類」です（上図参照）。回復した時期の父の認知症はStage4程度でした。

預貯金の相続手続きには、特に期限はありませんが、相続税の申告・納付期限の10か月以内が目安になります。相続時、認知症が初期段階であれば、すぐに行えばいいですし、私の父のような状況ならば、慌てずに様子を見ればいいのです。

1-3

親の実印登録がされていないと、相続は暗礁に乗り上げます

実印とは、住民登録している市区町村の役所に、自分の戸籍上の姓名を刻印した印鑑を登録申請し、受理されたもののことです。印鑑登録証が発行され、印鑑登録証明書を役所の窓口やコンビニエンスストア（マイナンバーカードを持つ人のみ）で取れるようになります。

死亡保険金の請求や遺産相続手続きなど、多額のお金が動く場面では、実印での押印と印鑑登録証明書の提出が必須になります。

私の義父が亡くなったとき、義母は実印を持っていませんでした。「お父さんの実印があればいいんでしょう？」と思っていたからです。

じつは、こうした勘違いをしている人は少なくありません。しかしながら、**個人における実印は、1人につき1本で、たとえ姓が同じ夫婦であっても、同じものを使うことはできないのです。**

親世代の女性の実印の有無を確認する

私たちの親世代（70～80代）は、おそらく男性であれば、実印は持っている確率は高いでしょう。しかし**女性の場合は、実印を使う機会がないことも多く、私の義母のように、作っていないケースが少ない**といえます。しかし、相続時には実印は必要なのです。

実印登録の仕方

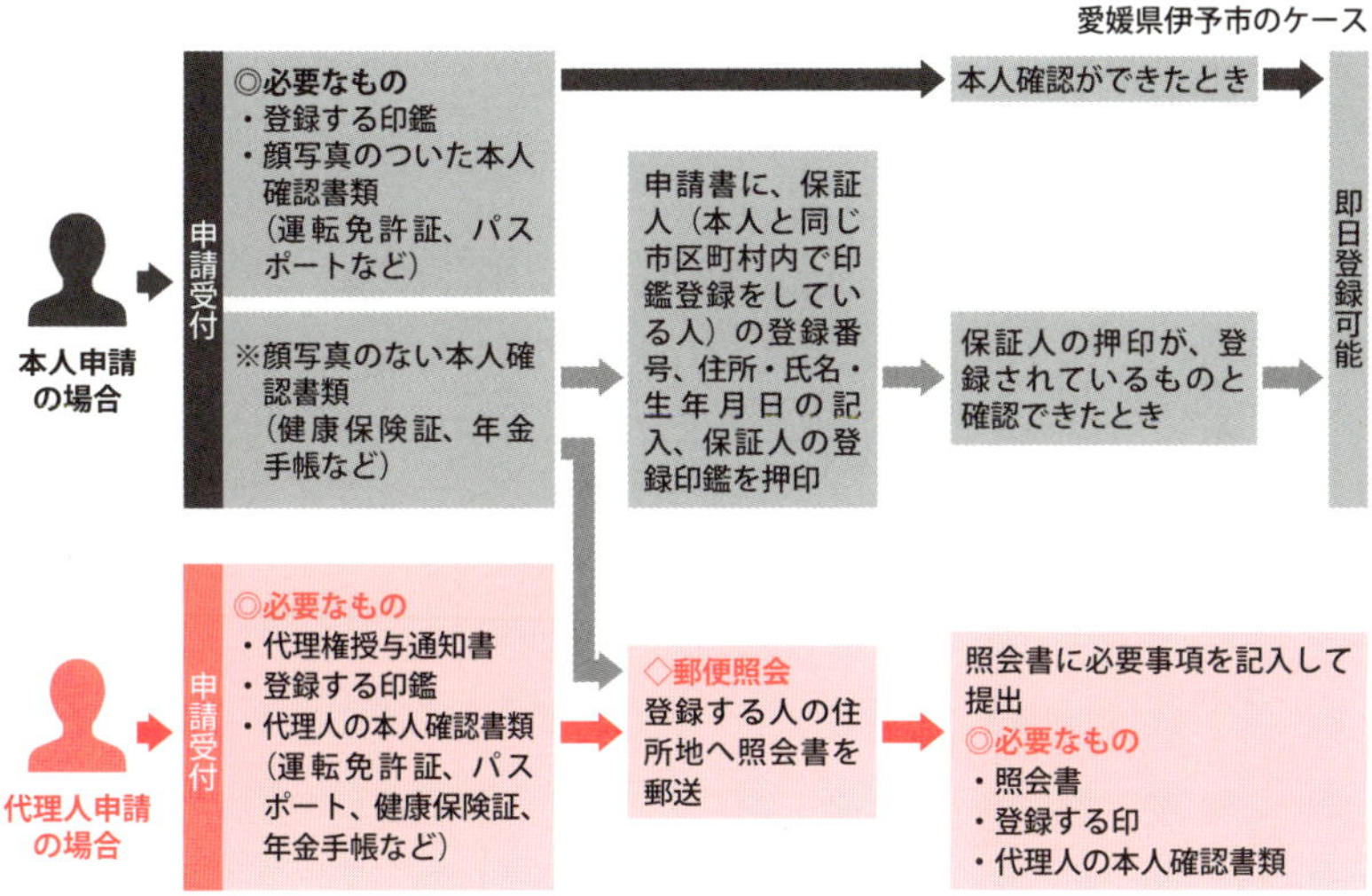

私の義母は、足は不自由なのですが、妻が役所に付き添って、無事、実印の登録を済ませられました。

では、親が認知症や重病を患い、自分で実印の登録申請ができない事態になってしまったら、どうなるのでしょうか？　親の自筆の委任状があれば、子どもが代理で登録することができます。しかしながら、認知症の症状が進んでしまえば、委任状は書けない可能性も出てきます。

そうなると、お手上げです。配偶者が死去し、遺産相続をすることになっても、あるいは、死亡保険金（遺された配偶者が受取人）の請求をすることになっても、一歩も前に進まなくなるのです。

印鑑登録証明書は、遺産相続の場面のほか、家屋の売却などでも必要になってきます。それだけに、親が元気なうちに、必ず作っておくことが肝心なのです。

1-4

親の老後をフォローするうえで、マイナンバーカードは大切なアイテムです

私の妻の実家は、岩手県にあります。義父が亡くなり、さまざまな手続きの場面で必要になったのが、義母の印鑑登録証明書と住民票の写しでした。とはいえ、義母は足が不自由なため、自分で役所に行くのは難しい。そうなると、妻が同行する必要がありますが、私たちは神奈川県在住のため、かなりの面倒が生じます。

そんなときに知人からすすめられたのが、**義母のマイナンバーカードの交付申請**でした。

最寄りのコンビニで必要書類を取得できる

マイナンバーカードは、「行政手続における特定の個人を識別するための番号の利用等に関する法律」に基づき、国民1人ひとりに12桁の個人番号が振り当てられたICカードのこと。現在、国民の77%（2024年12月現在）が保有しています。

健康保険証との誤紐付けなど、トラブルも多いマイナンバーカードですが、じつは、**親の老後をフォローするうえで、大切なアイテムだといえるのです。**

知人は、父親から「カードを渡すから、コンビニで戸籍謄本を取ってきて」と言われたことがあり、その利便性に気づいたそうです。**親の了解のもと親のマイナンバーカードを子どもが借りて、暗証番号を知っていれば、最寄りのコンビニで戸籍謄本のほ**

マイナンバーカードの申請方法

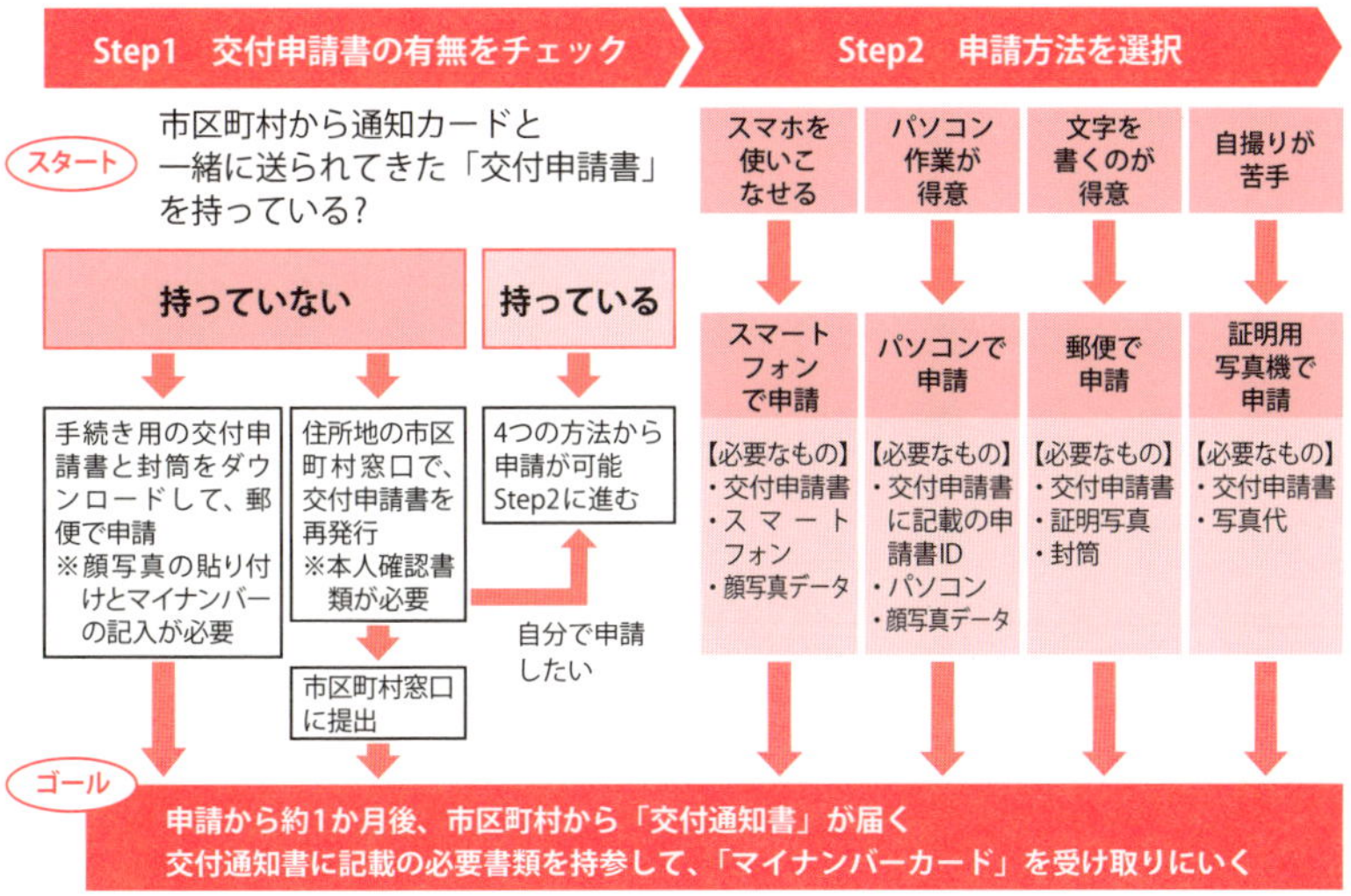

か、住民票の写し、印鑑登録証明書などが取得できるのです。

私の妻は、義母を連れて、マイナンバーカードを作りました。そして義母の許可を得て、妻が管理することにしました。その結果、必要な公的な証明書は、最寄りのコンビニで取得ができるようになりました。その後、義母は認知症になり、特別養護老人ホームに入りましたが、その際も、妻は岩手に行くことなく、公的な証明書を集めることができました。

親が認知症になると、カードの取得は難しくなります。複数の役所に聞いたところ「申請は代理でも可能。カードのお渡し時は、窓口で本人確認が必要。本人が来られない場合は、運転免許証などの写真付きの本人確認書類が必須」とのことでした。もし、親が未所持であれば、その利便性を伝え、作ってもらうようにしましょう。

1-5

親の預貯金、ちゃんと引き出せますか？

親の預貯金を子どもが引き出す——。そう聞いて、「それはダメだよ」という人は多いはずです。

しかし、親が認知症や重い病気になると、自ら預貯金の引き出しはできなくなります。認知症の父が、銀行のATMの前で、茫然と立ち尽くし「俺、無理だよ」とこぼした姿は今でも鮮明に覚えています。

介護や入院はいつまで続くかわからない

親が認知症や重い病気になると、介護費用や治療費用、日々の雑費は発生し続けることになります。固定資産税といった税金も、です。私の母が末期になったときは、母の入院費用や父の生活費、そして母の葬儀費用、母の他界後の父の老人施設の初期費用など、トータル数百万円がかかりました。

当初は、私の預貯金を切り崩して支払っていましたが、それが繰り返されることで、じわじわとした不安が襲ってきました。「このままずっと俺が払っていくのか」という不安です。皆さんに伝えたいのは、**親の預貯金を、親のために子どもが使う場面は、必ず訪れるということです。**

母が末期がんになる1年前、初期のがんを克服した際、私は「親の老い」を感じ、母に通帳などの保管場所は聞き出しました。しかし、暗証番号は「まぁ、いつか聞こう」と先送りしていました。

母が末期がんになったとき、暗証番号を聞き出すチャンスはありました。しかし「認知症のお父さんのためにも絶対に治る！」と真剣な顔で話す母に、暗証番号を聞くことは、何か〝死の宣告〟をするかのようで、私にはできませんでした。

子どもが金融機関の窓口に行って、事情を話しても、まず引き出しは拒否されます。だからこそ、子どもから「万が一に備えよう」と親に打診し、親が納得したのであれば、暗証番号を共有しておくべきです。なお、親の預貯金は、主に3種類（上図参照）あります。特に年金が振り込まれるメインバンクについてはしっかり把握しておきましょう。

遺産相続時、預貯金の相続は一定の時間がかかります。遺産分割前であっても、葬儀費用などの払戻しが可能な「相続預金の払戻し制度」もありますが、集める書類の数が多く、支払いまで相当な日数がかかるので、あまり利用価値はありません。

親名義の口座は、親が死去すると、口座が凍結されるといわれますが、私の経験では、それはありませんでした。こちらから金融機関に死亡の旨を伝えたとき、凍結されます。それだけに暗証番号を知っていれば、葬儀代などをカバーすることができるのです。

親の金融口座は主に3種類

❶父親のメインバンク

多くの場合、父親の年金が振り込まれている口座。お金の出し入れが多いのが特徴です。

❷母親のメインバンク

多くの場合、母親の年金が振り込まれています。口座の出し入れが少なく、貯蓄用となっているケースもあります。

❸共通口座

両親のどちらかの名前で口座を作り、定期的に入金するのが、共通口座。この口座から住居費や光熱費などを引き落とす「生活用」と「貯蓄用」があります。

1-6 金融機関の貸金庫は、相続時の疫病神です。不要なら即解約を！

私の親は、銀行の貸金庫を借りていました。その
ことを知ったのは、母の死後です。実家の掃除中、父名義の貸金庫のカードと鍵を見つけたのです。
この時点で、貸金庫に何が入っているのか、見当もつきません。父も「忘れた」の一点張り。ネットで調べると「遺言書、手形、有価証券、預金通帳」などが預けられているケースが多いと書かれています。その多くが、相続時に必要のあるものです。
しかしながら、**貸金庫は契約者以外、開けることができません。**私の場合は、父の成年後見人（46ページ参照）になったため、のちに開けられましたが、通常は、契約者の親が亡くなった段階で、相続人全員の同意のもと、開けることになります。

貸金庫のデメリットとは？

では、そうなると、どんな事態を呼び起こす可能性があるのか。私の父は、母の死から5年後に亡くなりましたが、そのときに貸金庫に母の多額な遺産が入っていたら、相続税の申告が必要になるのです。

とはいえ、相続税の申告期限は、死後10か月以内です。つまり4年ほどの延滞税がかかることになります。相続税額１００万円だった場合、30万円以上の延滞税がかかるのです。

また、貸金庫に**遺言書が入っていたら、遺産相続**

貸金庫は本当に必要？

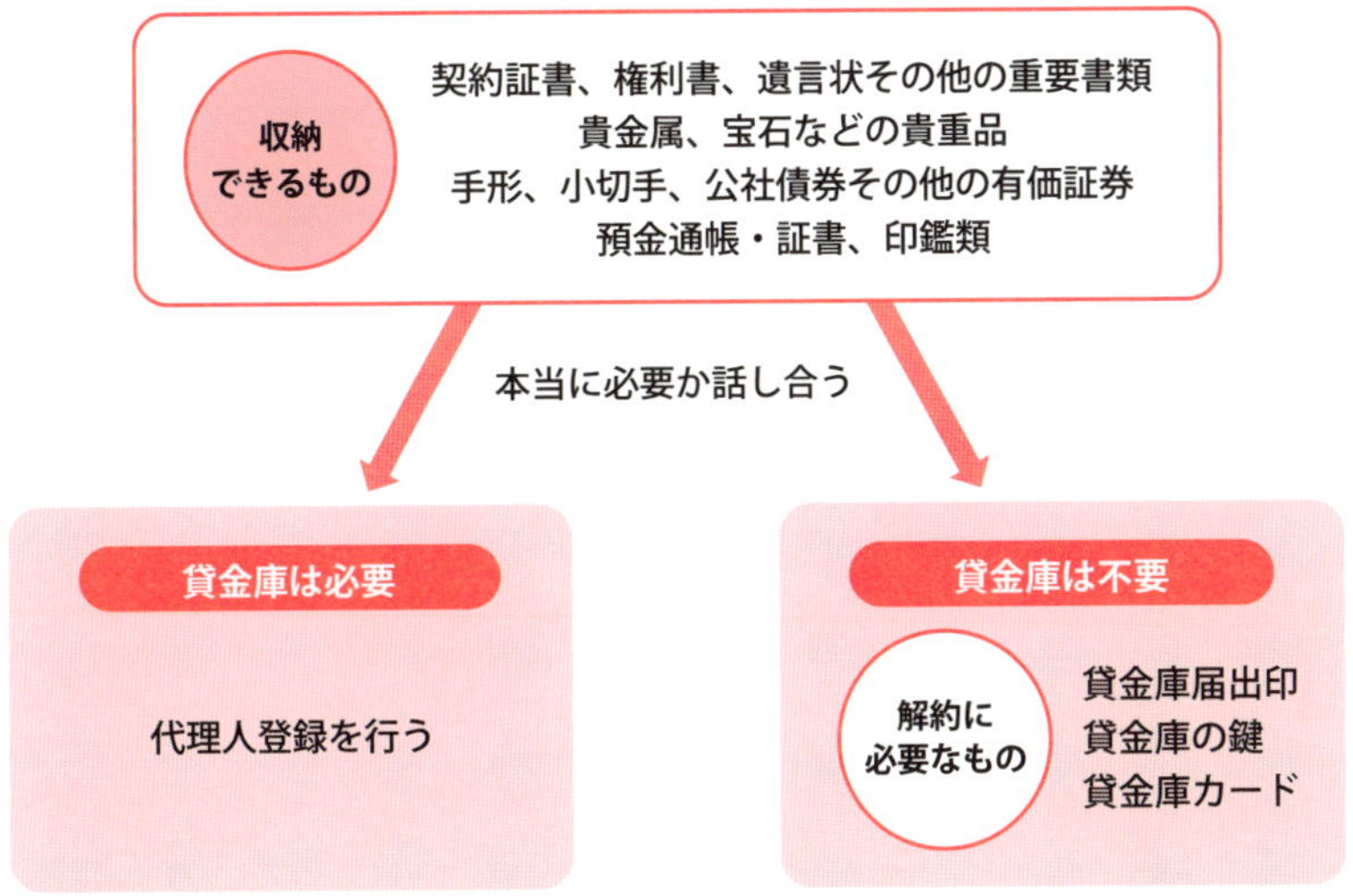

のやり直しになる可能性もあります。

このような事態を避けるためには、配偶者や子どもが代わりに開けられるように、代理人登録の手続きをしておくことが大切になります。

さらに、親に、貸金庫は本当に必要なのか、確かめておきましょう。父の貸金庫には「不動産の登記簿謄本」だけが入っていました。のちに実家を売却する際、この登記簿謄本の出番はありませんでした。貸金庫の利用料金の相場は、年間2万〜4万円です。

貸金庫の解約は、相続の段階で、遺産分割協議書や相続人全員の戸籍謄本と印鑑登録証明書などが求められます。不要であれば、すぐに解約しましょう。

必要だということであれば、その中身をしっかり聞いておくことです。知らないでいると、相続時に突然、多額の財産があることが判明したり、遺言書の存在に気づくということもあり得るのです。

定期預金は、親が認知症になると厄介な存在になります

私たちの親世代は、定期預金の利用率が高いといえます。金利が高いと思っているからです。私の親の1980年の定期預金の金利は、何と7・75%です。そうした経緯もあり、親世代の多くは、今も定期預金を利用しているのです。

また、定期預金は、1年や5年など期間を設定しますが、自動継続を選ぶと、満期後、そのまま継続になります。そのため、なんとなく継続し続けるケースも多いのです。

しかしながら、現在の定期預金の金利は、平均0・2%です。100万円預けて年間の利息はたったの2000円と、はっきり言って利用価値はありません。

金利のメリットより他のデメリットのほうが多い

「でも、金利が0・1%程度の普通預金よりは、マシだし」と反論する人もいるかもしれません。

なぜ、私がそこまで定期預金の存在を否定するのかといえば、契約者が認知症になったり、病気などで入院し、金融機関に行けなくなると、定期預金は「厄介な存在」になるからです。子どもが手続きをしようとしても、委任状がなければ、貸金庫と同様に、解約が一切できないのです。

また、自動継続していると、加入していることを

定期預金の解約方法

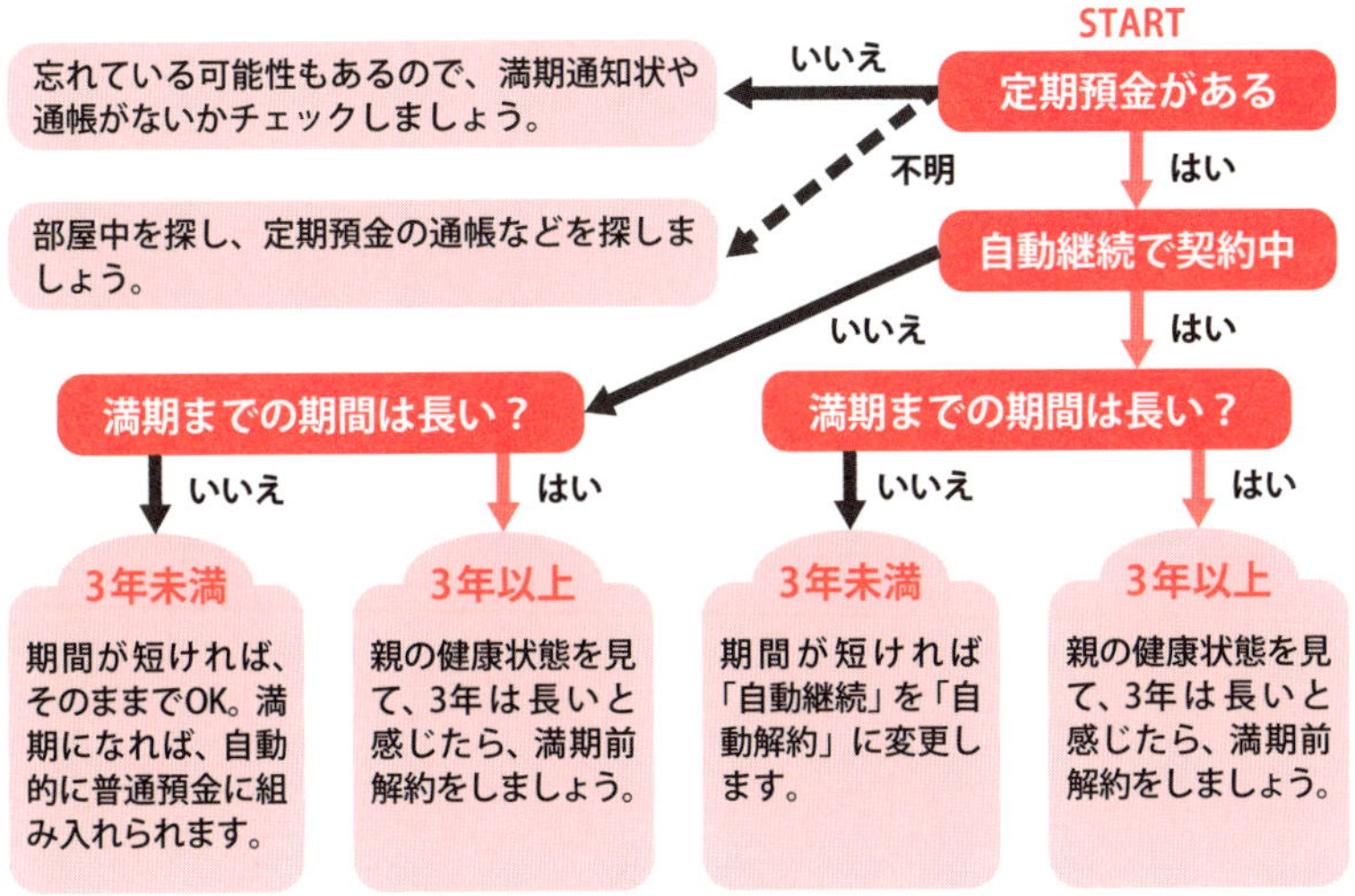

忘れやすいというのも、厄介な点です。都市銀行では、定期預金満期通知状の発送サービスを廃止したところも多くなっており、満期になっても気づかないケースが増えているのです。これは私に実際起こった話ですが、母の死から数年後、実家に、母が作ったと思われる私名義の定期預金の満期通知状が届きました。もし届いていなければ、今も知らないままのはずです。

現在の定期預金は、デメリット面が多いのです。それだけに、**親が元気なうちに、親の定期預金の有無、さらに自動継続か否かについて、聞くようにしましょう。**

その結果、自動継続で定期預金に加入している場合は、満期までの年月が短ければ、自動解約に変更します。長い場合は、中途解約（期日前解約）しましょう。手続きは店舗で簡単に行えます。

1-8

親の生命保険の受取人が「夫→妻」「妻→夫」は、大きなリスクに！

私の大学の後輩は、亡くなった父親の終身保険の請求手続きで、まさかの事態に陥りました。受取人の母親が認知症だったため、長男である彼が手続きをしようとしたのですが、担当者に「受取人様（お母様）は？」と聞かれます。彼は「認知症なんで、僕が代わりに……」と伝えると「だとしたら、委任状がない限りできません」と、言われたのです。

私の母は、複数の保険会社の医療保険に入っていました。死亡保障の請求をしようとしましたが、このうち2社は、暗礁に乗り上げてしまいます。「受取人＝父」だったのですが、父が認知症だったため、受け付けてもらえなかったのです。

生命保険を受け取れない可能性がある

このように、**被保険者の生命保険金を受け取るには、多くの場合、受取人が自ら手続きをするか、あるいは受取人が書いた委任状が必要**になってきます。

生命保険を申し込む際は、結婚していれば、保険の受取人を「夫→妻」「妻→夫」とするケースがほとんどです。

「でも、その後、受取人が亡くなったら、相続人（子ども）が受け取れるんでしょう？」と思うかもしれません。**しかし、受け取れない可能性があるのです。生命保険の請求には「3年」（かんぽ生命は**

生命保険の受取人を変更する段取り

契約している保険の証券番号を確認

変更手続きを行う契約の証券番号を「保険証券」や「保険会社から定期的に送られてくる書類」などで確認します。

↓

契約者本人が保険会社に連絡する

契約者本人が保険会社のコンタクトセンターに電話連絡します。「契約者専用サイト」の手続きをしている場合、インターネット経由で手続きを行うこともできます。

↓

書類を提出する

郵送で「請求手続きのご案内」が届くので、書類に必要事項を記入し、提出。これで手続きは完了です。

5年）という時効があるからです。たったの「3年」です。

私の後輩は、何度も保険会社との話し合いの場を持ったそうです。結論から言えば、子どもが手続きをすることは認められませんでしたが、時効の3年を待たずに、母親が死去したため、保険金を受け取ることができました。しかし、これは偶然でしかありません。彼は「あきらめていた」と話します。

生命保険の保険金は、遺された家族にとって、生活を支える存在になります。しかし、受取人が手続きできなければ、保険会社は、テコでも動かなくなるのです。

受取人の変更手続きは、契約者であれば、電話などで簡単に行うことができます。早い段階で、「夫→妻」「妻→夫」ではなく「夫→子ども」「妻→子ども」に変更することをおすすめします。

1-9 親が認知症だと、遺産相続の重要書類「遺産分割協議書」が作成できません

親が亡くなると、親が持っていた財産は、配偶者や子どもが相続することになります。この遺産配分の仕方には2つの方法があります。1つは、民法上のルールに従う方法です。**配偶者と子どもがいる場合、配偶者は2分の1で、子どもはトータルで2分の1となります。**

2つめは、相続人同士の話し合いによって決める方法です。この話し合いを「遺産分割協議」といい、その協議内容を書面にしたものが「遺産分割協議書」です。話し合いで「配偶者はゼロ。子どもに全部」と決めたら、その通りに相続できます。遺産分割協議書には、決まったフォーマットはありませんが、記述する内容はある程度決まっています（次ページ参照）。

遺産相続時には、これら2つの方法のどちらかを選ぶことになるのです。

遺産相続に関するよくある誤解

ここで覚えておいてほしいのは、**民法上のルールに従った場合でも、ほとんどのケースで「遺産分割協議書」の作成が必要になる**という点です。

銀行や郵便局の預貯金を相続する際は、どんな遺産配分の仕方を選んでも、相続人全員が署名し実印を押した遺産分割協議書の提出を求められるのです。

私自身、母が死去した際、民法上のルールに従って、遺産相続をすることになりましたが、遺産分割協議書が必要だとは、まったく想像していませんでした。金融機関に「必要です」と言われて、初めて知った次第です。

遺産分割協議書の記載内容

❶被相続人の氏名、死亡日、住所

被相続人の「最後の本籍」「最後の住所」「氏名」「死亡年月日」を記載します。

❷相続人が協議内容に合意した旨を示す文言

「上記の者の相続人全員は、被相続人の遺産について協議を行った結果、次の通り分割することに同意した」などと記載します。

❸各相続人の相続の内容

各相続人の相続内容を漏らすことなく、すべて記載します。

❹相続人全員の名前・住所と実印の押印

相続人全員が自筆で署名し、実印を押印。提出先には「印鑑証明書」も添付します。

とはいえ、当時の父は、腰の圧迫骨折により認知症の症状が悪化しており、遺産分割協議書への署名や押印は難しい状態でした。30ページで私は、署名ができるまで、症状の改善を待つべきだったと述べましたが、それでもやはり無理だった場合は、どうすればいいのでしょうか？

その最後の手段は「成年後見制度」を利用することですが、この制度には問題点も多く安易に使ってはいけません（次項で詳しく触れます）。

となると、手の打ちようがないことになります。でも、大丈夫です。１つだけ方法があります。

それは事前に「遺言書」を作成することなのです。遺言書については、50ページで詳しく紹介します。

1-10

成年後見制度は最後の手段。安易に使ってはダメ！

この章では、親が認知症になったり、重い病気を患う前に、「定期預金の解約」「貸金庫の解約」をすべきだとお伝えしました。また、金融機関の預貯金を遺産相続する際は、遺産分割協議書が必須であり、それだけに遺言書を作成しておくべきだと指南しました。

しかしながら、こうした対策を講じなくても、事態を解決できる方法があります。

それが「成年後見制度」の利用です。

認知症などを患うと、判断能力が衰えるため、預貯金の管理や各種契約を行うことが難しくなります。こうした人を家庭裁判所の監督のもと、支援するのが、成年後見制度です。

この制度は、判断能力がすでに不十分な人を支援する「法定後見制度」と、現時点では判断能力は十分あるものの、将来に備えて、特定の人を「もし自分の判断能力が不十分になったら、この人を後見人にしてください」と、あらかじめ契約をしておく「任意後見制度」の2つに分かれます。すでに認知症を患っている人を支援する場合は、前者を利用します。

法定後見制度は本人の判断能力の状態によって、「後見」「保佐」「補助」の3つの類型に分かれます。認知症の進行が進んでいれば「後見」を選ぶことに

成年後見制度のしくみ

成年後見制度

- **法定後見制度**：判断能力がすでに不十分な人を保護・支援する制度。
- **任意後見制度**：現在は判断能力が十分だが、将来に備えて、特定の人を「もし判断能力が不十分になったら、この人を後見人にしてください」と、あらかじめ契約を結んでおく制度。公正証書で契約を結びます。

本人の判断能力に応じて、以下の3つの中から指定されます。

類型	本人の判断能力	成年後見人らが同意・取り消せる行為
後見	判断能力が常にかけている状態の人	日常生活に関する行為を除くすべての行為
保佐	判断能力が著しく不十分な人	重要な財産関係に関する行為
補助	判断能力が不十分な人	申立ての範囲内で裁判所が定める行為

なります。そして成年後見人と呼ばれる人が、本人を支援していきます。

成年後見人になると、日常生活に関するすべての法律行為（財産管理や身上監護）について、本人に代わって行ったり、必要に応じて取り消したりすることができます。定期預金や貸金庫の解約、預貯金の相続は、成年後見制度を使うことで、問題なく行うことができるのです。

私は、この制度を使って、父の成年後見人になりました。その結果、私を襲ったさまざまな問題は、すべて解決できました。

「成年後見制度」には問題点がある

しかしながら、私は、この制度を利用したことを後悔しています。

まず、大きな問題点は、成年後見制度は、お金が

成年後見制度のメリット・デメリット

メリット	本人が交わした各種契約を取り消せる	判断能力の低下で、不当な契約をしてしまった場合、これを取り消すことができます。
	本人のための費用を引き出せる	施設の入所費用などを、金融機関の口座から引き出すことができます。
	遺産分割協議で本人の代理を務めることができる	遺産分割の際、本人に代わって、代理を務めることができます。
	本人のための各種契約を交わすことができる	施設の入所などの契約を本人に代わって行うことができます。
デメリット	相続税対策ができない	暦年贈与といった相続税対策は一切できなくなります。
	専門職に支払う費用が発生する	専門職が成年後見人に選ばれたり、成年後見監督人が付くと、年24万円以上の費用を支払うことになるケースも。
	本人の意思が認められない	本人が「食事をおごる」といっても、その費用について裁判所は認めません。
	本人が死去するまで続く	この制度は、途中でやめることはできません。

かかるという点です。この制度は、子どもが「後見人になります」と訴えても、家庭裁判所が不適任と判断すれば、司法書士などの専門職が選ばれます。その割合は約7割です。遠方に住んでいれば、ほぼ専門職が選任されます。彼らを専門職後見人といいます。

また子どもが後見人に選ばれたとしても、そのフォローをする成年後見監督人がほぼ付きます。私はこのケースでした。彼らへの報酬は、私の場合で年24万円になりました。

費用面の問題だけではありません。例えば、相続税対策は不可能になります。私が「暦年贈与（72ページ参照）をやりたい」と成年後見監督人に相談したところ「無理なんですよ」と、言われました。

専門職後見人が選任された場合、被後見人の財産は、すべて彼らに預けることになり、毎月、最低限のお金が家族に与えられます。被後見人のために、大きな買い物をする場合は、いちいち専門職後見人に許可を得る必要があります。

また、彼らの仕事ぶりから「この人は信用できない」と思ったとしても、変更することは難しいのです。私の友人は、専門職後見人がまったく仕事をしないため、家庭裁判所に「変更してほしい」と訴えましたが、拒否されています。そうなのです。彼らが詐欺や横領などの犯罪を働かない限り、変更は認められないのです。

そして、一度この制度を使ったら、被後見人が亡くなるまでやめることはできません。

初めから「成年後見制度」に頼ってはいけない

定期預金や貸金庫の解約の場面や金融機関の預貯金の相続の場面で、こちらから「親が認知症で……」と切り出すと、ほぼ100%の確率で「成年後見制度を使えば大丈夫です」と言われます。私が、そうでした。

皆さんにお伝えしたいのは、この制度は「最後の手段」ということです。本書で紹介する対策を講じておき、それでも前に進まない場合のみ使うべき制度だと断言します。

なお、成年後見制度は、今見直しが検討されています。厚生労働省では専門家会議を設置して、「一度、成年後見制度の利用を開始すると、本人が亡くなるまでやめられない」「親族が後見人に就くことが難しい」といった問題点を改善することが検討されています。

見直しが実現すれば、この制度の利用価値は高くなります。定期的に動向をチェックしていきましょう。

1-11 これからの時代、親に遺言書を作ってもらうのはマスト！

私のケースでは、母が亡くなった時点で、父の認知症が進行していたため、「父名義の普通預金の引き出し」「父名義の定期預金の解約」「父名義の貸金庫の解約」「母の遺産相続」ができなくなりました。結果として、私が父の成年後見人になったことで、これらはすべて解決することができましたが、後見人にならなければ、途方に暮れていたことでしょう。

それだけに、ここまでで触れたように、親が元気なうちに、定期預金や貸金庫を解約したり、親のキャッシュカードの暗証番号を共有するといったことを話し合い、了解を得たうえで、対策を講じることは、必須だと肝に銘じてください。

しかしながら、「遺産相続」については、事前の防御策はないと言わざるを得ません。遺された親が認知症になり、その症状が進んでしまえば、自分の名前の署名は難しくなり、遺産分割協議書を作成することはできないからです。

「遺言書」を作成しておくメリットとは？

では、どうすればいいのか。事前に「遺言書」を作成しておけばいいのです。

遺言書とは、遺言者が死後、自分の財産の相続の仕方をまとめた文書のこと。相続人に認知症の人がいても、遺言書があれば、金融機関は手続きに応じ

公正証書遺言の作成手順

❶遺言者が遺言内容の原案を作成

「誰に」「何を」「どれだけ」といった内容を考える。箇条書きなどメモ程度で OK です。

❷必要書類を集める

実印、印鑑証明書、戸籍謄本、住民票を集めます。

❸証人を 2 人依頼する

推定相続人や受遺者（遺言によって財産を受け取る人）、その配偶者、直系血族などはNG。いない場合は、公証役場で公証人を手配してもらうこともできます。

❹公証人と事前の打ち合わせをする

必要書類がそろっているか、遺言の内容に変更や間違いがないかなどを確かめます。

❺公正証書遺言を作成する

公証人と一緒に公証役場に行き、公正証書遺言の内容を再確認し、公証人とともに、署名・押印をします。これで完成です。

ます。民法上の遺産配分ルールに従う必要もなく、自由に配分方法を決めることもできます。

私の母が亡くなり、母の遺産相続をする際、認知症の父は「俺はお母さんの遺産はいらない」と言いました。両親が元気なうちに遺言書を作っておけば、その意思を尊重することができるのです。

両親が認知症にならなくても、利用価値は高いといえます。相続人の配分を決めておくので、遺された家族の意見が割れて、仲違いするといった事態を避けることができるからです。

遺言書の大きなメリットの一つは「有効期限がない」という点です。50歳の時点で作成しても、80歳になっても有効なのです。

さらに、多少の面倒さはありますが、何度も修正が可能という点も見逃せません。

例えば「長男と長女で2分の1ずつ配分する」と

記した遺言書の作成後、長女が両親と同居し、2人の面倒を1人で見たとします。この場合、長女に有利な内容に書き換えることができるのです。

遺言書にはおもに2つの種類がある

遺言書には、おもに「公正証書遺言」と「自筆証書遺言」があります。

前者は、公証役場に出向いて、証人立ち合いのもと、公証人が遺言者に聞き取りをして作成します。そして公証役場に保管されます。財産が501万円以上1000万円以下で1万7000円、1001万円以上3000万円以下で2万3000円といった費用がかかります。

一方、後者は、自筆で書き、遺言書の内容については、公証役場のチェックを受けることはできません。じつは以前は、確実性や安全性において、リスクのある方法でした。自筆が基本のため、書き間違いを起こしやすく、さらに遺言書の保管は基本的に自宅だったからです。家庭裁判所での検認手続きも必要で、迅速性にも劣っていました。

しかし、2020年7月から「自筆証書遺言書保管制度」がスタートし、自筆証書遺言の有効性はかなり高まりました。

まず確実性でいえば、全文を自筆する必要があったのが、かなり緩和されました。数字ばかりで書き間違いやすい「財産目録」は、パソコンで目録を作ったり、通帳のコピーや不動産登記事項証明書などを目録として添付できるようになりました。その結果、数字はほぼ自筆せずに済むようになりました。

また、遺言書の内容のチェックはありませんが、上部5ミリの余白があるかなどの形式ルールが守られているかのチェックは受けられます。間違ってい

自筆証書遺言が便利に！

改正前		改正後
本人	作成者	本人
すべて自筆	作成方法	基本は自筆。 財産目録はパソコンでの作成や書類の添付でOK
なし	費用	保管は1件につき3,900円
自宅など	保管場所	法務局
体裁に不備があると、効果がなくなる	注意点	法務局の窓口では、内容のチェックはない

る場合は、窓口で指摘してもらえます。

安全性と迅速性もアップしました。改正前は、自宅で保管されるケースが多かったのですが、法務局で保管できるようになりました。さらに、検認手続きも不要で、すぐに相続手続きに入ることができるようになったのです。

デメリット面は、前述したように、法務局に申請する際、遺言書の内容についてのチェックがないことです。しかし、自筆証書遺言の記述内容は、それほど複雑ではありません。次項で紹介する書き方をマスターすれば、誰でも正確に書くことができるはずです。

「遺産相続」は相続時に必ず発生するといっても過言ではありません。5人に1人が認知症になる時代において、遺言書作成は必須事項になったと、断言できるのです。

1-12

家族の財産を守るための自筆証書遺言書の書き方

自筆証書遺言書保管制度のスタートによって、自筆証書遺言の迅速性と確実性、安全性が高まったとはいえ、「だけど、親は書けないし、自分も教えられないよ」と、思う人も多いことでしょう。

でも、そんなことはありません。**遺言書は誰でも苦労することなく作成できます。**

57ページに載せたのは、私の妻が書いた遺言書です。実際に自筆証書遺言書保管制度を使って、法務局に預けているものです。

私と妻の間には、子どもがいません。詳しくは142ページで触れますが、子どもがいない場合、もし妻が亡くなると、相続人として、私だけではなく、妻の兄弟姉妹も現れます。妻には姉がいます。そして妻と義姉は疎遠気味で「彼女には相続させる必要はない」と言っています。しかし、このままでは義姉にも妻の預貯金を相続する権利があります。

一方、遺言書を作り「兄弟姉妹には相続させない」と記せば、その権利は消滅します。そのため、我が家では、遺言書を作っておく必要があるのです。なお、妻の財産は、銀行Aの預貯金のみです。

「え？　でも、遺言書を作ったあと、預貯金の額が変動したら、どうなるの？」と、疑問に思う人もいると思います。じつは、遺言書には金額を書かなくていいのです。

遺言書に盛り込む内容

遺言書に盛り込む内容は“基本構成”に則るのがいいでしょう。

❶ 表題	表題として「遺言書」と書く。
❷ 前文	書面にて遺言書を書くことを宣言する。
❸ 建物や土地を誰に相続させるか	不動産の面積や所在、番地を記載し、誰に相続させるかを指定する。
❹ 預貯金等を誰に相続させるか	銀行名、支店名、種別、口座番号を記載し、誰に相続させるかを指定する。
❺ その他の財産を誰に相続させるか	株や現金など、ほかの財産を誰に相続させるかを指定する。
❻ その他諸条件の指定	子の認知など、相続人に伝えることを記載する。
❼ 遺言執行者の指定	遺言相続する際、実行責任者を指定する。
❽ 日付など	遺言書を作成した日付を記載する。署名し押印する。

遺言書を書いてみよう！

まず用意するのは「用紙」です。用紙は、A４サイズで、文字の判読を妨げるような地紋、彩色等のないものを使う必要があります。一般的な罫線はOKですが、妻はA４コピー用紙を使用しました。文字が真っすぐになるように、鉛筆で横線を引き、その上に記入し、最後に消しゴムで線を消しました。

また、用紙は上部5ミリ、下部10ミリ、左20ミリ、右5ミリの余白をそれぞれ設ける必要があります。

書き方は、法務省の「自筆証書遺言書保管制度」のホームページが参考になります。「法務省　自筆証書遺言書保管制度」で検索してください。

まず、表題として「遺言書」と書きます。

そして「1」と書き、「誰に何を相続させる」のかを記入します。なお、推定相続人（相続が開始した場合に相続人となるべき者）以外の者――お世話になった人などの場合は、「遺贈します」と書きます。

妻のケースでは「夫に預貯金のすべてを相続させる」と書きました。前述したように、金額は書かないで大丈夫です。

この「1」によって、妻の姉は相続を認められなくなります。念のため、「私は、兄弟姉妹に遺産を相続させない」と記してもよいでしょう。

なお、相続財産に「不動産」もある場合は、59ページのように、土地と建物について、不動産の登記事項証明書どおりに書きます。

そして、**極めて重要になるのが「2」の遺言執行者の指定**です。

民法では、遺言執行者は「相続財産の管理その他遺言の執行に必要な一切の行為をする権利義務を有する」とされています。つまり、遺言書を実行するうえでの責任者です。遺言執行者が無指定だと、遺言書を作成していても、金融機関の預貯金を相続する際、相続人（遺言で指定された人）全員の署名が求められます。つまり、**認知症の相続人がいると、遺言書は〝無用の長物〟になってしまう**のです。

遺言執行者が指定されていれば、そうした事態にはなりません。単独で金融機関の手続きを進めることができるのです。

そして、最後に遺言書を作成した年月日を書き、遺言者の住所、氏名、押印をします。押印は認印で大丈夫です。右下の「1／2」は、遺言書の通し番号です。

続いて「財産目録」を作成します。用紙は、遺言

自筆証書遺言書の記入例

表題として「遺言書」と書きます。

遺言書

「誰に何を相続させるのか」を記入します。なお「財産目録」を添付しない場合は「金融機関名」「口座番号」「名義人の名前」を記入。

1 私は、私の所有する別紙1の預貯金をすべて夫 永峰英太郎（昭和44年1月7日生）に相続させる。

2 私はこの遺言の遺言執行者として次の者を指定する。
住所 神奈川県鎌倉市
氏名 永峰英太郎
生年月日 昭和44年1月7日

遺言執行者の指定は必ず行いましょう。

令和6年3月4日
住所 神奈川県鎌倉市
永峰千恵 （永峰）

遺言書を作成した日付を正確に記入します。氏名と住所を記入し、押印もします。

1/2

「財産目録」を 1 枚添付する場合は、合計 2 枚になるので「1／2」と記入します。

財産目録の記入例

「別紙 1」と記入する。ここも必ず自筆します。印字の場合、無効となるので要注意。

別紙1

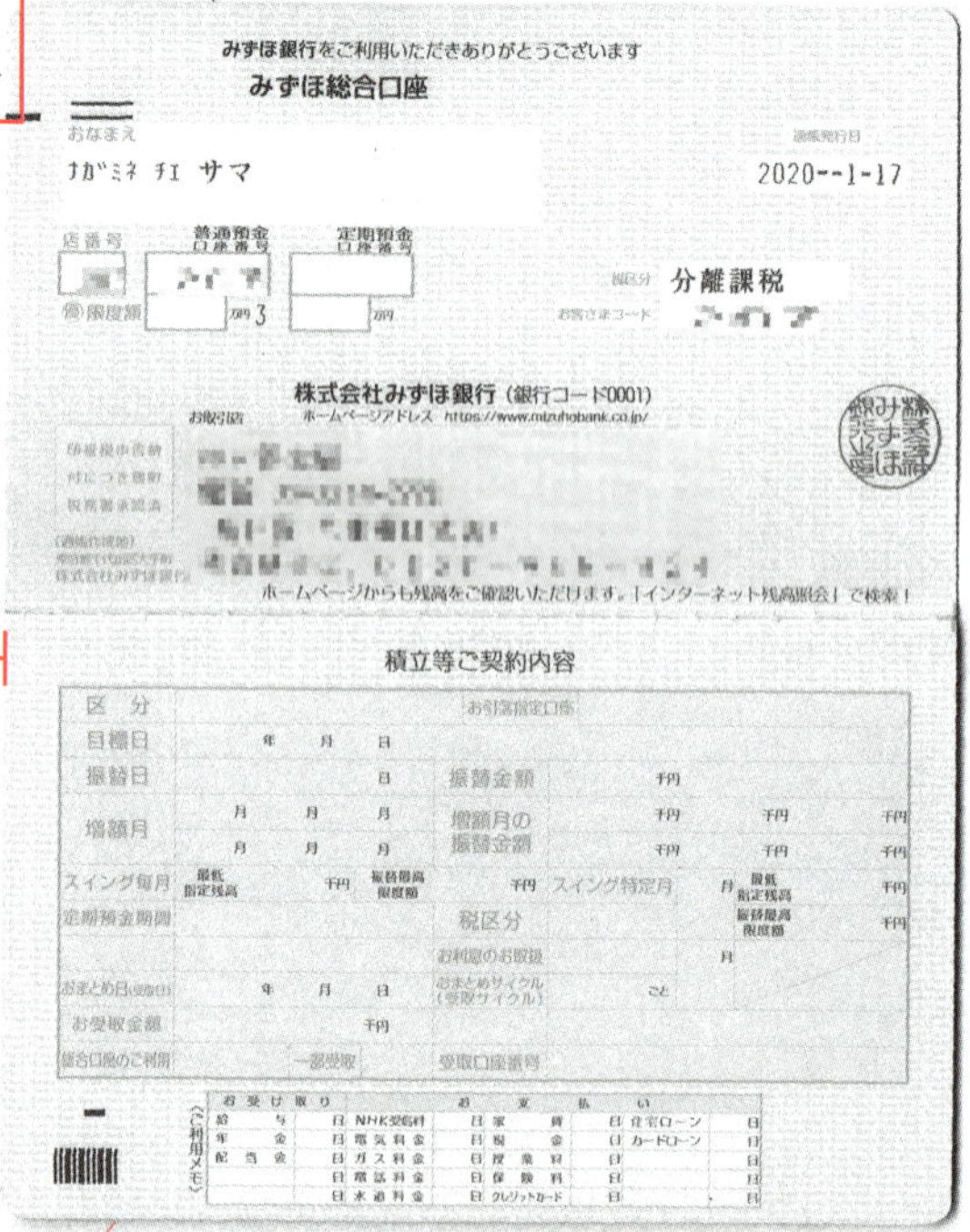
みずほ銀行をご利用いただきありがとうございます
みずほ総合口座
おなまえ
ナガミネ チエ サマ
通帳発行日
2020--1-17
店番号
普通預金 口座番号
定期預金 口座番号
(借)限度額
万円 3
万円
税区分 分離課税
お客さまコード
株式会社みずほ銀行（銀行コード0001）
ホームページアドレス https://www.mizuhobank.co.jp/
お取引店
印紙税申告納付につき麹町税務署承認済
ホームページからも残高をご確認いただけます。「インターネット残高照会」で検索！

積立等ご契約内容

区分		お引落指定口座	
目標日	年 月 日		
振替日	日	振替金額	千円
増額月	月 月 月 / 月 月 月	増額月の振替金額	千円 千円 千円 / 千円 千円 千円
スイング毎月	最低指定残高 千円 / 振替最高限度額 千円	スイング特定月	月 最低指定残高 千円
定期預金期間		税区分	振替最高限度額 千円
		お利息のお取扱	月
おまとめ日	年 月 日	おまとめサイクル（受取サイクル）	ごと
お受取金額	千円		
総合口座のご利用	一部受取	受取口座番号	

〈ご利用メモ〉

お受け取り		お支払い					
給与	日	NHK受信料	日	家賃	日	住宅ローン	日
年金	日	電気料金	日	税金	日	カードローン	日
配当金	日	ガス料金	日	授業料	日		日
	日	電話料金	日	保険料	日		日
	日	水道料金	日	クレジットカード	日		日

「財産目録」も、上部5ミリ、下部10ミリ、左20ミリ、右5ミリの余白を設けること。

通帳のコピーを添付する際は、金融機関名、支店名、口座名義、口座番号などがわかるページをコピーします。

永峰 千恵 （永峰）

名前やページ数を記入。押印も忘れないこと。

2/2

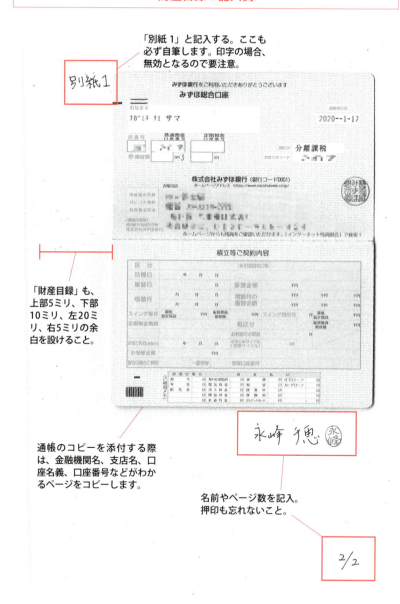

相続財産が不動産の場合の記入例

1　私は、下記の不動産を、すべて夫・永峰英太郎（昭和44年1月7日生）に相続させる。

（1）土地
所在／神奈川県鎌倉市大船○丁目　地番／○番地○号
地目／宅地　地積／150・50平方メートル

（2）建物
所在／神奈川県鎌倉市大船○丁目　地番／○番地○号
種類／居宅　構造／木造瓦葺二階建て
床面積／一階　78平方メートル　二階　60平方メートル

書（本文）を書いたものと同じA4サイズで、余白も同じように空けます。あとは通帳のコピーを取るだけです。金融機関名、支店名、口座名義、口座番号等がわかるページをコピーします。

そして、署名及び押印をして、右下に「2／2」と通し番号を記載します（前ページ参照）。不動産の場合は「登記事項証明書の一部分」を添付すればOKです。

これで遺言書の作成は終了です。

このように遺言書は「誰に、どの財産を残すか、財産と人物を特定して記載する」「財産目録を添付する場合は、別紙1などとして財産を特定する」「財産目録にコピーを添付する場合は、その内容が明確に読み取れるように鮮明に写っていることが必要」といったルールを守ることで、誰でも作成できるものなのです。

1-13

自筆証書遺言書の保管申請を行いましょう

遺言書を作成したら、遺言書保管所（法務局）に、自筆証書遺言を預ける手続きをします。遺言書保管所は、遺言者の住所地（あるいは本籍地、あるいは所有する不動産の所在地）を管轄するところになります。私たちは神奈川県鎌倉市在住のため「横浜地方法務局の湘南支局」でした。

遺言書の保管の申請は、予約が必要です。電話でもOKですが「法務局手続案内予約サービスの専用HP」から予約をするのが便利です。HPにアクセスし、都道府県別の法務局をクリックしたあと、遺言書の住宅地の「遺言書保管手続予約」から予約します。

なお、申請の際は「保管申請書」の提出も必要ですので、注意してください。法務局のHPからダウンロードできます。そのほか「本籍と戸籍の筆頭者の記載のある住民票の写し」「顔写真付きの身分証明書」「手数料3900円」が必要です。

法務局での手続きについて

妻が予約したのは、某月某日の9時。昼時はお休みで、1時間～1時間半ごとに予約ができます。法務局を訪れると、窓口で予約番号を伝えます。その後、夫婦2人で係員と面談し、保管申請書や遺言書の様式のチェックが行われました。

法務局手続案内予約サービス
https://www.legal-ab.moj.go.jp/houmu.home-t/top/portal_initDisplay.action

自筆証書遺言書の保管証

[redacted]

保管証

遺言者の氏名	永峰　千恵
遺言者の出生の年月日	昭和43年11月1日
遺言書が保管されている遺言書保管所の名称	横浜地方法務局湘南支局
保管番号	[redacted]

遺言書の内容についての審査は、法務局では実施されませんが、妻が「これで私の兄弟姉妹への相続は回避できますか？」と聞いたところ、「中身のチェックは行わないんです」と言ったあと、「ざっと見て問題はなさそうですよ」と説明してくれました。

また、保管申請後の手続きの仕方についても、１つ１つ丁寧にレクチャーをしてくれました。そして手続き終了後、遺言者の氏名や出生の年月日、遺言書保管所の名称、保管番号が記載された「保管証」を受け取り、終了となりました。

実際に遺言書を作って感じたのは、「これで遺産相続時の対策は万全だ」という安心感の大きさでした。皆さんも、親が認知症になっても遺産相続がスムーズに進められるように、早めに家族で話し合い、遺言書を作るようにしましょう。

第2章

事前対策ゼロでの相続は、遺産の目減りを招く

～あらゆる手段を講じて、相続税発生を抑える

2-1

相続税は「金持ちの税金」？ いえいえ「みんなの税金」です！

親が亡くなると、親が所有していた財産は、配偶者や子どもなどが相続することになります。この財産の移転に伴い、発生する可能性のあるのが相続税です。

「相続税は金持ちの税金」と思っている人も多くいます。実際、2014年までは、相続税の課税件数割合（年間課税件数／年間死亡者数）は5％未満でした。しかし、2015年以降は、8％台に増え、2023年は9・9％となっています。東京に限れば、同年は18・9％です。

平均的な家庭で育った私も、父が亡くなったときには、額は僅かですが、相続税が発生しました。相続税は「みんなの税金」になったといえます。

基礎控除額が大幅に引き下げられた

相続税には基礎控除額があり、財産の総額が、この控除額を下回れば相続税は発生しません。この基礎控除額は、これまで何度も改正されてきました。1994年には、法定相続人が2人の場合で、基礎控除額は7000万円となり、その状態がずっと続いていました。それが2015年に大幅に引き下げられました。法定相続人が2人の場合、基礎控除額は4200万円となったのです。

それゆえ、ここ最近は、相続税の課税件数割合が

相続税の基礎控除額の変遷

相続税の基礎控除額は、ほかの税金に比べて、圧倒的に高いといわれていましたが、2015年に約20年ぶりに改正され、基礎控除額は大幅に引き下げられました。

法定相続人が２人の場合

2015年に一気に下がった！

1975年	1988年	1992年	1994年	2015年
2,800万円	5,600万円	6,700万円	7,000万円	4,200万円

1988～94年に基礎控除額が大幅に上がったのは、バブル期の地価の高騰が要因の1つ。土地を売却しないと相続税が支払えないケースが続発したため、引き上げが実施されました。

これまで何度も基礎控除額の引き下げはウワサされましたが、ついに、2015年に改正されました。

増えているわけなのです。

そして今後、さらに課税件数割合が増えることが予想されます。詳しくは72ページで触れますが、相続税対策の超キホンであった暦年贈与が、2023年度税制改革によって〝改悪〟されたためです。相続税対策が難しくなったのです。

しかし、打開策はあります。この章で紹介する手段を今すぐにでも講ずることで、相続税をゼロにすることは十分可能です。

相続税対策に必要なコミュニケーション

相続税対策を行ううえで、まずすべきは、親の全財産の大まかな把握です。相続税の対象になるのは、金銭に換算されるものすべてですが、基本的には「土地」「建物」「現金・預貯金」「有価証券」「生命保険」の5つの要素が財産の9割近くを占めま

す。まずは、これらを大まかに把握しましょう。

なお、親の財産を把握する際は、「将来的な相続税対策のため」だと、親に事情を伝え、理解を得る必要があります。その際は、自分の財産についても、親に明らかにすることをオススメします。私の知人は、これをしなかったため、親に「お前は言わないのか？」と、不信感を抱かれ、結局、親の財産を把握するのをあきらめました。その結果、親の死去時に、初めて親の財産の額を知ることになり、相続税を払う羽目になっています。

ところで、これらの財産は、相続税を試算するうえでは、財産を「相続税評価額」に計算し直す必要があります。現金と預貯金は「額面＝相続税評価額」、有価証券は「数量×単価＝相続税評価額」となります。生命保険については、被相続人が保険料を払い、相続人等が死亡保険金を受け取る場合、みなし相続財産として課税対象になります。この生命保険金には、相続人１人あたり５００万円の非課税枠がありますので、その非課税枠を超えた部分が課税の対象となります。

自宅建物は、毎年春頃に都や市町村から送られてくる「固定資産税納税通知書」の「課税明細書」の家屋の固定資産税評価額がそのまま相続税の評価額になります。親の家は、築年数が古いため、資産価値はほぼないことが多いといえます。築45年の私の実家の２０２０年の家屋の評価額は66万円でした。

一方、土地の評価額の出し方は、複雑です。土地は「路線価方式」と「倍率方式」といういずれかの方法で算出する必要があります。とはいえ、現時点では「大まかな評価額」をつかんでおけば十分です。前述した「課税明細書」を使って、簡易的に計算する方法があります（次ページ参照）。ここに載っている土地の固定資産税評価額から、相続税評価額の概算を知ることができます。

このようにして、親の全財産の額をざっくりとつかんでいきましょう。

相続税の対象となる財産

現金・預貯金
現金や普通預金、定期預金など。合計金額がそのまま評価額になる。

土地
土地の評価額は、計算するのが難しい。簡易的な計算方法がある（下図参照）。

建物
評価額は「固定資産税評価額×1.0％」で算出する（下図参照）。

有価証券
株や投資信託、社債、国債など。被相続人が亡くなった日の終値などで、評価額が決まる。

生命保険
被保険者（あなた）が保険料を支払い、受取人が子どもや配偶者の場合、相続税が発生する可能性がある。計算式は下の通り。

その他
アクセサリー、ゴルフ会員権、クルマなど金銭に換算できるものは、相続税の対象に。評価方法はさまざま。

生命保険の評価額の出し方

（法定相続人の数）

500万円 × 3人 ＝ 1,500万円（非課税枠）

生命保険金5,000万円の場合、
相続税の課税価格に算入するのは

5,000万円 － 1,500万円 ＝ 3,500万円 となる。

土地と建物の相続税評価額（概算）の計算式

相続税がかかるかどうかのチェック段階では、
土地の評価額は大まかにつかんでおけばよいでしょう。

土地
ざっくりと評価額を出す場合は、以下の計算式を利用すればOK。

固定資産税評価額÷0.7×0.8＝相続税の大まかな評価額

建物
固定資産税評価額がそのまま相続税の評価額となる。

固定資産税評価額＝相続税の評価額

2-2

ネット銀行やネット証券など、ネット上で取り引きされる金融資産も要チェック！

親の財産を把握するには親に「どんな財産があるの？」と、聞き出すだけでは不十分です。親が忘れている財産があるかもしれないからです。放っておくと、**親が亡くなり、相続の段階で「こんな遺産もあったのか！」という事態になりかねません。**

私の母の遺産は「A銀行の預貯金」だけだと思っていたのですが、父が亡くなったとき、父の遺産のあったB銀行に連絡をした際、なんとなく「母の口座はありますか？」と調べてもらったところ、30万円の預貯金があることが判明しました。

親が失念している財産のヒントは、親の家に転がっています。親の家の掃除を兼ねて、金融機関の通帳や生命保険の書類などがないか、親と一緒にチェックしましょう。

私の母は、3つの医療保険に加入していましたが、その1つは、家の整理中に見つけ出しました。

また、証券の口座は、1年に1回は年間取引報告書が郵送されてくるケースも多いので、チェックしてください。こうして、親と一緒に、親が忘れている財産を明らかにしていきましょう。

要注意なのがネット上での取引

親がネット銀行やネット生保、ネット証券の口座など、ネット上で取引が行われる金融資産を利用しているのかも要チェックです。紙での案内がないことも多く、親自身、失念している可能性があります。

ネット上の取引は、親に聞かないまま、親が重病や認知症になってしまうと、子どもにとっては、調べる術がありません。それだけに、早い段階で親に「ネット系は加入していない？」と聞いてみましょう。

親の記憶が曖昧であれば、一緒にスマートフォンやＰＣの履歴をたどりましょう。これで大抵は明らかになるはずです。

生命保険契約照会制度の仕組み

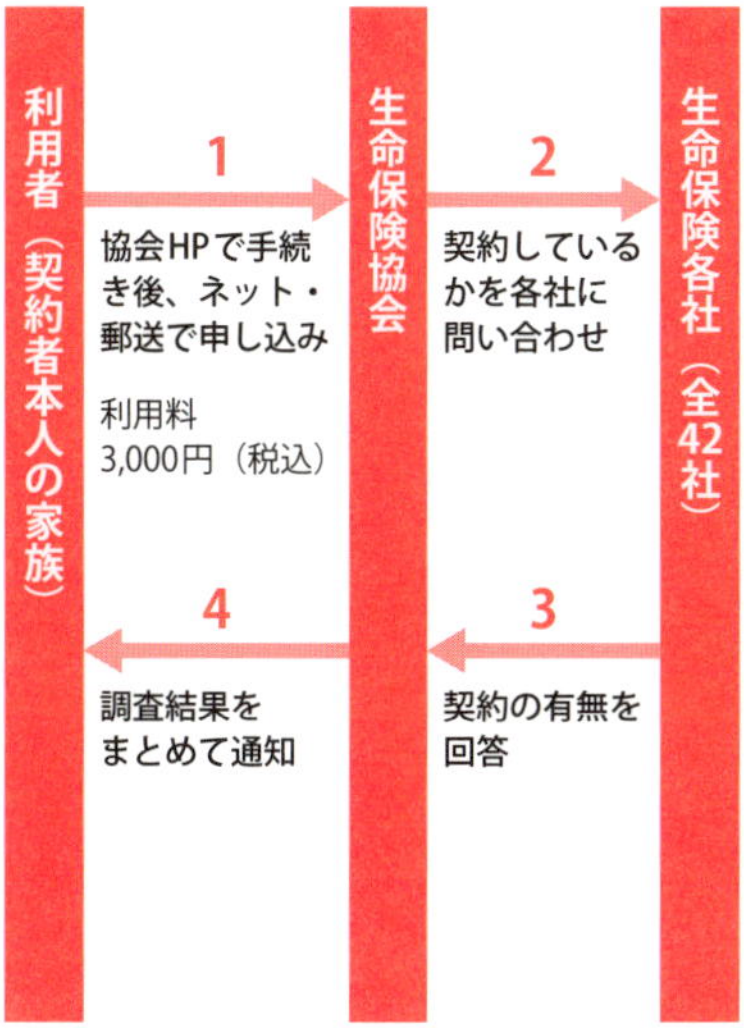

こうした対策を講じずに、何も聞かずに、親が認知症になったり死去してしまった場合の対処法をいくつか紹介しておきます。これらは相続税対策にはなりませんが、財産の把握には有効です。

ネット生保については、被保険者が死亡した場合や認知症（医師による診断が必要）の場合は、「生命保険契約照会制度」を利用（３０００円）することで、生命保険契約を把握することができます。具体的には、一般社団法人生命保険協会に照会を申し込むと、一括で保険契約の有無を教えてくれます。

また、ネット証券は、本人が死亡している場合は、国内の上場株式などを一括管理している「証券保管振替機構」に照会をかけることで、本人の口座がある証券会社の名前がわかります。

2-3

親の財産は相続税が発生するのかを確認しましょう！

「土地」「建物」「現金・預貯金」「有価証券」「生命保険」の相続税評価額を割り出したら、それぞれ足して、総評価額を出します。

なお、株や投資信託といった有価証券は、被相続人が亡くなった日の終値などで、評価額が決まりますが、ここでは現時点の額でOKです。

総評価額を算出したら、そこから基礎控除額を差し引きます。基礎控除額は「3000万円＋（600万円×法定相続人の数）」で求められます。法定相続人が1人の場合で、基礎控除額は3600万円、2人で4200万円、3人で4800万円です。

総評価額から基礎控除額を差し引いた額が、課税対象額となります。**この金額がマイナスであれば、相続税は発生しません。**

微妙なラインなら対策しておくのが吉

一方、プラスになれば、相続税が発生することになります。計算式は次ページの表の通りです。例えば、相続人が1人の場合で、基礎控除額を超えた金額が、600万円だとすると60万円の相続税が発生することになるのです。

計算してみて「相続税はかからない」ということであれば、72ページ以降で紹介する相続税対策は講じる必要はありませんが、**「あと少しでかかる」と**

相続税の計算式

円	×	%	−	円	＝	円
課税対象額		税率		控除額		相続税額

基礎控除額を超えた金額	相続税率	控除額
1,000万円以下	10%	−
3,000万円以下	15%	50万円
5,000万円以下	20%	200万円
1億円以下	30%	700万円
2億円以下	40%	1,700万円
3億円以下	45%	2,700万円
6億円以下	50%	4,200万円
6億円超	55%	7,200万円

いった微妙なラインの場合は、念のために最低限の相続税対策を行ってください。

「でも、相続税が少し発生しても、その額は微々たるものだろうし……」と思うかもしれませんが、額は少なくても、相続税の申告はしなくてはいけないのです。67ページで、親の土地の評価額を大まかに計算する方法を紹介しましたが、相続税の申告時は、正確に計算する必要があり、土地の形などによっては、税理士などに頼まないと、手に負えない場合もあるのです。記入する書類も多岐にわたります。また今後、基礎控除額の引き下げが行われる可能性もあるのです。それだけに、相続税がかかるかからないか微妙なケースでは、相続税対策をするようにしましょう。

一方、「相続税がかかる」となったら、今すぐに、相続税をゼロにするよう動き出すことが大事です。

2-4 相続税対策の王道である「暦年贈与」が、改悪された！

私の父の遺産は、基礎控除額をわずかに上回ったため、相続税が発生しました。その額は23万円でした。

こうした事態になったのは、父が認知症になり、相続税対策をすることができなかったからです。

相続税は、支払う額はもちろんですが、申告手続きの面倒さも相当なため、相続税対策は必須だと、肝に銘じてください。

「暦年課税制度」のルール変更に要注意

まず、大前提として覚えておいてほしいのは、財産を減らそうとして、一気に贈与してしまえば、税率の高い贈与税が発生するということです。１０００万円で１７７万円（父母から18歳以上の子への特例贈与）なのです。

この贈与税には、ある制度があります。それが**「暦年課税制度」です。1月1日～12月31日までの1年間の贈与額を合計し、贈与税額を算出するというものですが、受ける側1人あたり年間１１０万円の非課税枠があり、贈与額が、この枠内であれば、贈与税の申告も必要ありません。この仕組みを利用した相続税対策が「暦年贈与」です。**

暦年贈与は、不動産でも可能ですが、専門家に依頼しないと難しいため、基本的には、現金と預貯金で行っていきます。

暦年贈与の仕組み

相続税対策を行ううえで、王道といわれるのが暦年贈与です。しかし、その仕組みを理解していないと、税務署に認めてもらえなくなるので注意してください。

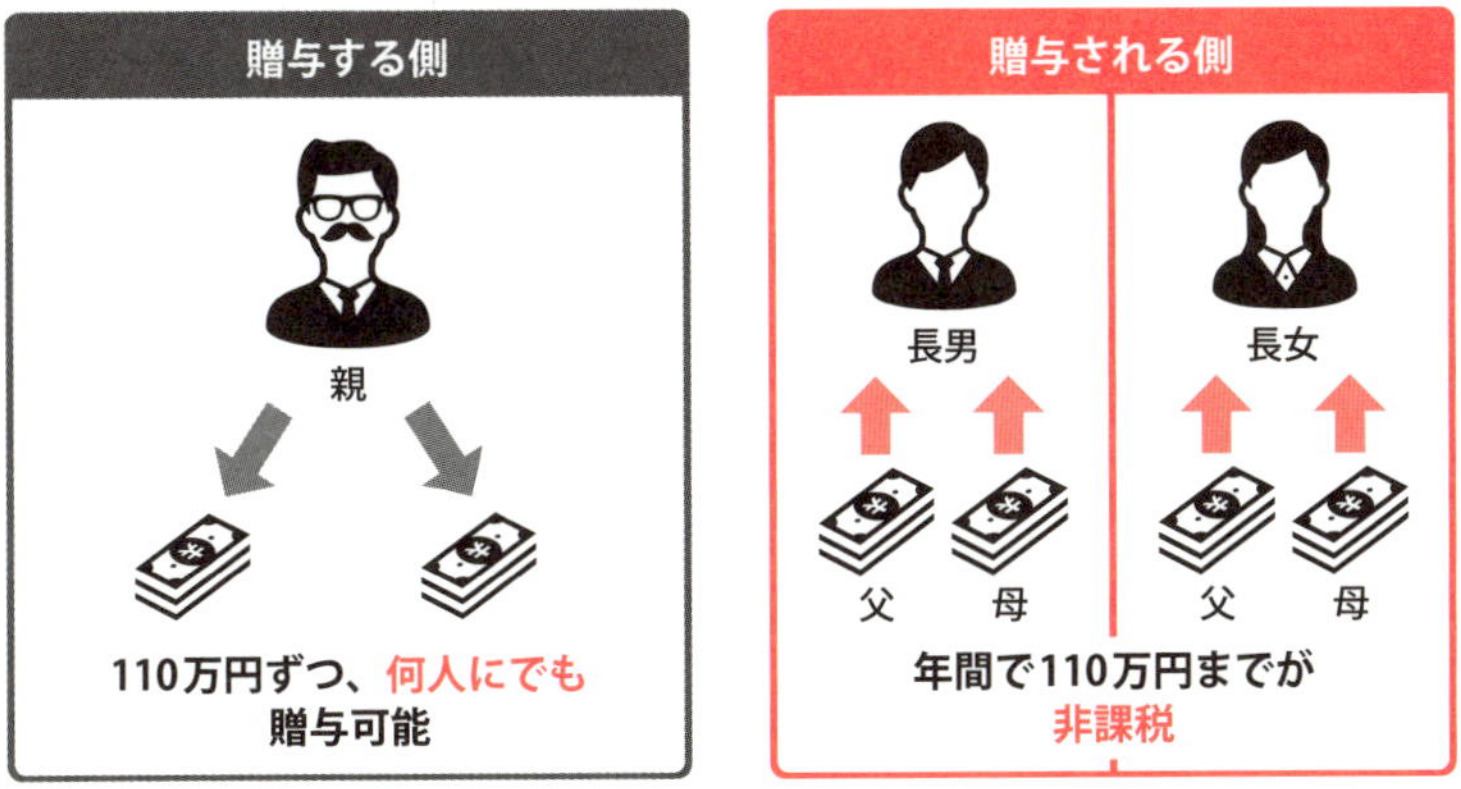

1人につき年間110万円以下であれば、非課税になります。

両親から贈与を受けた場合は、年間の合計が110万円以下である必要があります。

暦年贈与の大きな利点は、相続人でなくても活用でき、人数制限もない点です。例えば、子ども2人と孫2人に贈与しても構わないのです。その場合、年間で440万円もの財産を目減りさせることができることになります。

なお、両親から別々に贈与を受けた場合も、受ける側の合計110万円までが非課税になります。

一定の手続きによって、簡単に財産を移行できるため、暦年贈与は相続税対策の王道とされてきました。

しかしながら、今はそうともいえなくなっています。以前であれば、相続開始前3年以内に贈与された場合は、相続財産に加算されるというルールでしたが、その期間が、2024年1月1日から段階的に「7年以内」へと変更されたからです。つまり、**暦年贈与開始後、7年以内に親が亡くなると、贈与**

した財産は相続財産に加算され、相続税対策は無効になってしまうのです。

ただし、孫への生前贈与は「7年以内」のルールは適用されません。通常、孫は法定相続人ではないからです。そのため、相続税対策として、孫に贈与するのは、良い戦略といえます。なお、遺言書によって、孫が贈与を受けたり、生命保険の受取人になった場合は、適用されます。

今回の改正により、暦年贈与を行う場合は、親が元気なうちに、今すぐにでも始めるのが大切になります。また、76ページで紹介する「相続時精算課税制度」の選択も視野に入れてください。

定期贈与を疑われないよう注意が必要

なお、暦年贈与は、「総額1000万円を10年にわたって100万円ずつ」といった具合に贈与していると、税務署から定期贈与とみなされる可能性があります。贈与の開始時に、1000万円を贈与する意思があったとみなされて、1000万円に対して贈与税の支払いを求められるかもしれないのです。

そのため、暦年贈与を行う場合は、定期贈与と疑われないように注意を払うことが重要になります。

まず意識すべきは、**毎年違う時期に贈与することをルール化しましょう。**1年目は2月4日に贈与したのであれば、2年目は3月1日に贈与するといった具合です。このとき間違って1年未満に贈与してしまうと、贈与税が発生することになります。注意しましょう。

もう1つ、**贈与をした証拠を残すために、親子間で「贈与契約書」を作成すべき**です。また、贈与する際は、手渡しではなく、受贈者の普段使いの金融機関の口座に振り込むようにしましょう。

暦年贈与は7年が相続税の対象に

	8年前	7年前	6年前	5年前	4年前	3年前	2年前	1年前	贈与者が死去
改正前	非課税	非課税	非課税	非課税	非課税	課税	課税	課税	
↓ 改正後	非課税	課税	課税	課税	課税	課税	課税	課税	

なお、今回の改正では、いきなり7年間の生前贈与が加算されるわけではなく、段階的に期間が延長されていき、2031年1月1日から完全に7年間の加算期間に延長されます。

なお、1年目は110万円、2年目は98万円といった具合に、毎年違う金額を贈与すべき、という意見もありますが、基本的に、同じ金額でも問題ありません。

暦年贈与する際の注意点

毎年違う時期に贈与する	1年目は3月2日に贈与したら、2年目は4月1日など、1年以上空けて贈与します。
贈与契約書を作成する	簡単なものでいいので、契約書を作成し、親子間で贈与した事実を残しておきます。
金融機関の口座に贈与する	手渡しだと証拠が残りません。必ず、口座に振り込むようにしましょう。

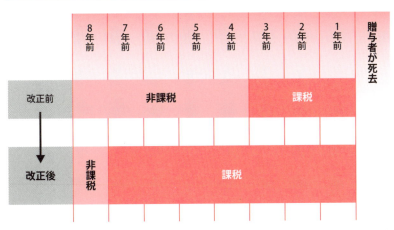

2-5

相続時精算課税制度が、相続税対策の新たな定番に！

子どもが家を購入するときなどに、親が資金援助をすることも多いでしょう。このとき、大きな問題となるのが、贈与税です。２０００万円の贈与で、約５８５万円の税金が発生するのです。これでは、資金援助はままなりません。

そこで設けられているのが「相続時精算課税制度」です。60歳以上の父母または祖父母から18歳以上の子どもや孫に、資金援助を行った場合、２５００万円まで贈与税がかからないという仕組みです。

現金だけではなく、２５００万円未満の評価額であれば土地を贈与することもできます。しかし、土地を贈与すると、相続税申告時に一定条件で土地の評価額を80％減額できる「小規模宅地等の特例」が利用できなくなります。この特例は、相続税の発生を抑えるうえで、大変有効なものです。詳しくは、82ページで触れます。

これまで相続時精算課税制度の評判は、あまり良くありませんでした。この制度は、贈与した親が亡くなった時点で、援助を受けた財産をすべて相続財産に戻して、相続税を計算するというルールだったからです。

つまり、「贈与税はかからないけど、相続税はかかるよ」というもので、相続税対策には、ならないケースがほとんどでした。

「相続時精算課税制度」と「暦年課税制度」の比較

	相続時精算課税制度	暦年課税制度
概要	贈与者の死去時に贈与財産と相続財産を合算して相続税額を計算	1年間（1月1日～12月31日）に贈与を受けた財産の合計額をもとに贈与税額を計算
非課税枠	累計2,500万円の特別控除 年110万円の基礎控除を新設	年110万円の基礎控除
相続発生時基礎控除分の取り扱い	基礎控除分は相続財産に加算しない	相続開始前7年以内は加算対象に（緩和措置として相続開始前4～7年の贈与については合計100万円を控除）

相続時精算課税制度の仕組み

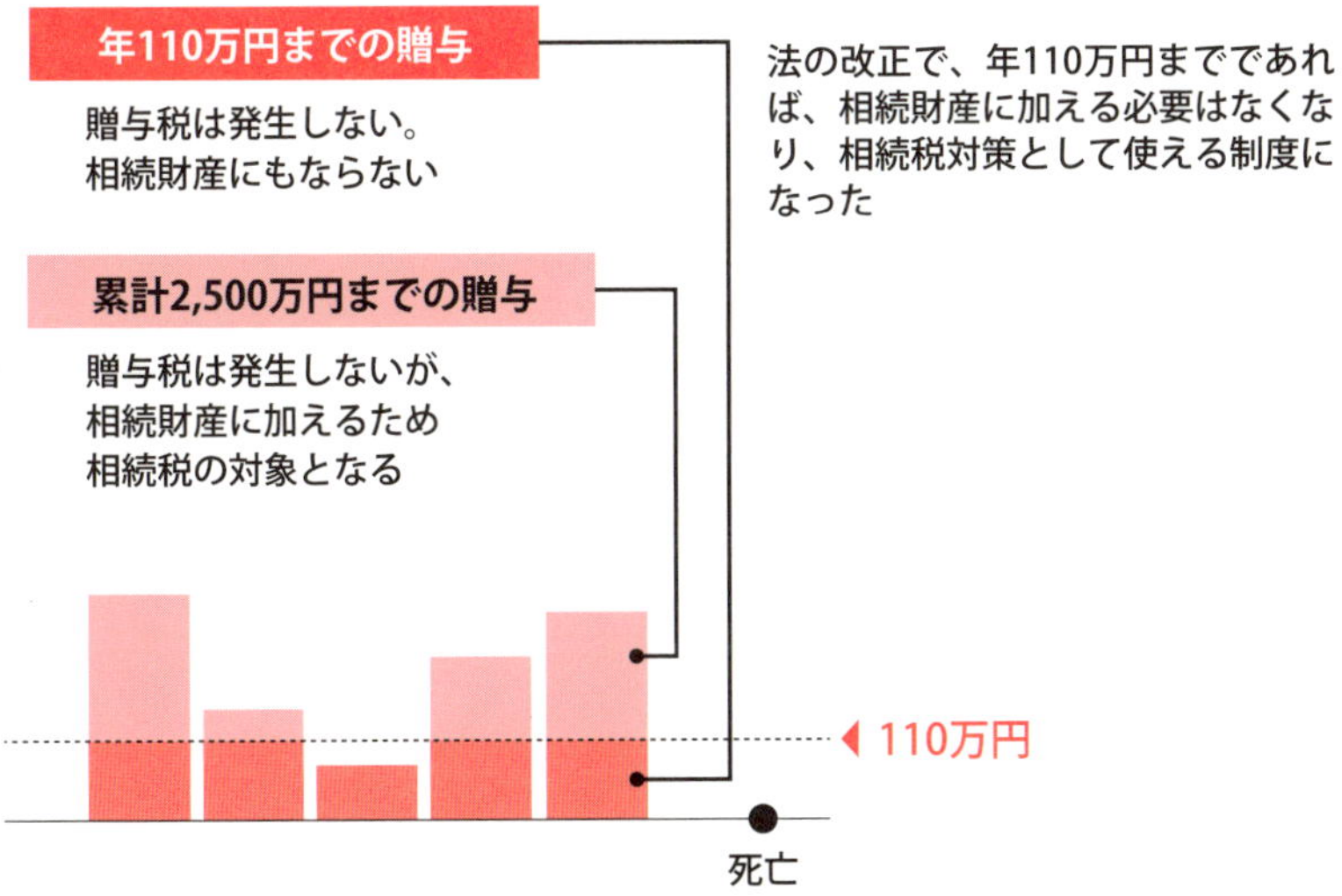

収益物件や有価証券などを生前贈与することによって、将来生じる賃料や配当・分配金を早くに承継でき、相続財産の増加を抑えることができるといったメリットはありますが、相続税をゼロにする目的には不向きでした。

毎年110万円までは非課税に

しかし、2023年の税制改正により、2024年1月1日から「毎年110万円までは非課税」「贈与した人が亡くなったら、非課税枠は加算しないでOK」となったのです。

73ページで触れた通り、ルール変更により、暦年贈与は、暦年贈与開始後、7年以内に親が亡くなると、贈与は認められず、相続税対策は無効になってしまいましたが、この点を補ったのが、相続時精算課税制度というわけなのです。

新制度のデメリットとは?

では、デメリットはないのかといえば、いくつかあります。暦年贈与は、贈与する側も贈与される側も、制約はありませんが、相続時精算課税制度は、贈与する側は、60歳以上の父母または祖父母で、贈与される側は、18歳以上の子どもや孫に限られます。また、一度利用したら、暦年課税制度に変えることはできません。

なお、相続時精算課税制度は、その選択により、最初の贈与を受けた贈与税の申告時に「相続時精算課税選択届出書」を税務署に提出する必要があります。例えば、2025年分から相続時精算課税制度を使う場合は、26年の2月2日~3月16日の間に提出することになります。税務署の窓口に行かず、e-Taxによる電子申告で届出書を提出できます。

相続時精算課税制度の注意点

❶贈与する側の制限がある

原則として60歳以上の父母または祖父母。ちなみに、暦年贈与は、贈与する側の年齢制限はありません。

❷贈与される側の制限がある

18歳以上の子または孫など。ちなみに、暦年贈与は、贈与される側の制限はなく、血がつながっていなくても大丈夫です。

❸暦年課税制度には戻れない

税務署に「相続時精算課税選択届出書」を提出したら、撤回は認められず、途中で暦年課税贈与に変えることはできません。

❹小規模宅地等の特例が使えなくなる

相続時精算課税制度を利用して、土地を贈与した場合は、小規模宅地等の特例を利用することができません。

❺提出書類がある

「相続時精算課税選択届出書」を提出する必要があります。提出後は、基礎控除の範囲内の贈与であれば、申告書の提出は不要。

なお、提出後は、基礎控除の範囲内の贈与であれば、申告書の提出は不要です。

暦年贈与と相続時精算課税制度のどちらを使うべき？

では、相続税が発生しそうな場合は、暦年贈与と相続時精算課税制度のどちらを使うべきでしょうか？

現時点で親が60代で、「とても元気だ」と思うのであれば、暦年贈与でかまわないと思います。

一方、親が70歳近くの場合は、今後、万が一の事態を想定し、相続時精算課税制度を使ったほうが安全といえます。

私の母は、70歳まで病気1つしたことがありませんでしたが、72歳でがんを患い、他界しています。

暦年贈与の「7年」は、かなり長い年月だということは、忘れないでください。

2-6

教育資金贈与の特例で、相続税をゼロにする

自分の子どもが、2026年3月31日までに私立の学校に進学するなど、多額の教育費がかかる予定の場合は、「教育資金贈与の特例」を利用しながら相続税対策を行うのも、1つの手です。

この特例は、30歳未満の受贈者（孫など）が直系尊属（祖父母など）から教育資金の贈与を受けた場合、受贈者1人あたり、1500万円までは贈与税が非課税になるという制度です。親の財産を減らすという点で、相続税対策にもなります。

対象となるのは、学校の入学金や授業料、塾の費用などです。なお、学校以外の費用は、500万円までとなっています。贈与できるのは1回きりではなく、何度も繰り返すことができます。

私の友人は、この制度を使って、娘さんの塾の費用と、私立大学の入学金の約300万円を補助してもらっています。親から2023年5月に150万円、24年2月に入学祝いとして150万円の贈与を受けたそうです。

この特例を利用するための鉄則とは？

この特例を利用するには、金融機関と贈与する側（親）が「教育資金管理契約」を結んで専用の口座を作るとともに、教育資金の支払いに充てたことがわかる領収書を金融機関に提示する必要がありま

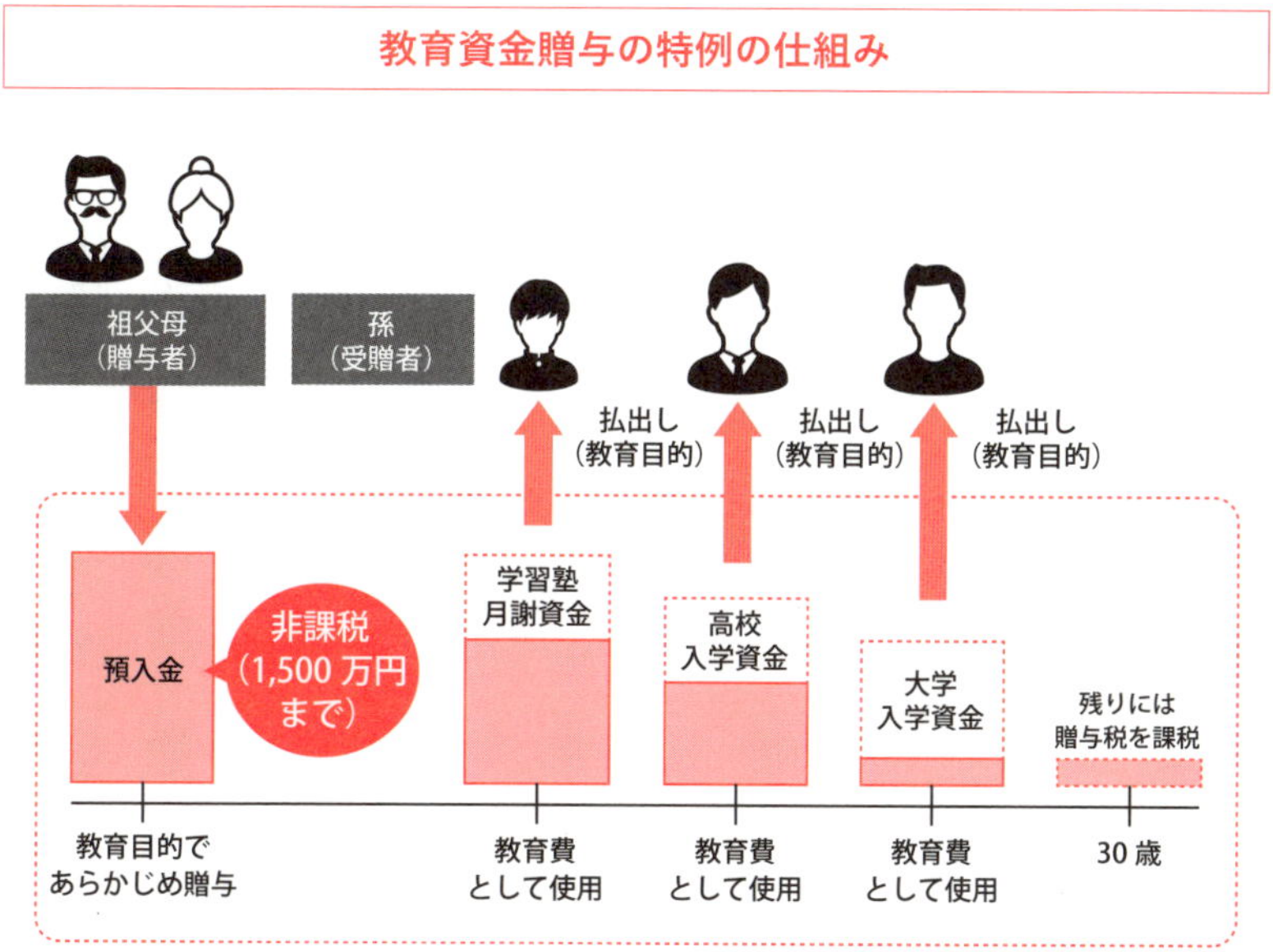

す。つまり、まずは親が支払い、後日、子どもの口座から引き出す流れになります。

この特例は「必ず使う費用」を口座に入れることが鉄則になります。一度口座に入れたら、戻すことができないからです。そして、受贈者が30歳になった時点で、使い残した額には贈与税が課せられます。

前述の友人は、今現在、100万円の残高があり、その分は、来年以降の学費に充て、それで残高はなくなり、かつ、親が亡くなっても相続税は発生しなくなるといいます。このように、しっかり計算をして、利用するのが大切なのです。

なお、**この特例は、「暦年課税制度」や「相続時精算課税制度」との併用ができます。**うまく組み合わせることで、相続税対策を盤石なものにすることができるのです。

2-7

「小規模宅地等の特例」を使って土地の評価額を一気に8割減!

「小規模宅地等の特例」とは、亡くなった人が住んでいた土地(330㎡まで)を相続したとき、土地の評価額を最大80%減額できる制度です。土地が330㎡を超える場合でも、そのうち330㎡部分には適用できます。

この特例を使うには、次の3つのどれかに該当する人が、相続した場合に限られます。①「戸籍上の配偶者」、②「亡くなった人と同居していた親族」、③「相続開始前の3年間、本人または配偶者、取得者の三親等内の親族または、取得者と特別の関係がある一定の法人が所有する家屋に住んでいなかった親族」(賃貸の家に住んでいて、持ち家がない。通称、「家なき子」)です。

また、居住の特例のほかに亡くなった人の個人事業として使用していた宅地、貸付用として使用していた宅地等でも、別途他の要件を満たすことにより80%減額や50%減額の対象になります。

「小規模宅地等の特例」を使うためのルール

なお、②、③の該当者がこの特例を使う場合は、相続税の申告期限までは、親の家を保有しておかなければならないルールがあります。

私の父が亡くなったとき、母はすでに亡くなっていて、私は3年以上賃貸の家に住んでいました。そ

小規模宅地等の特例の仕組み

相続開始直前の利用区分		要件	限度面積	減額割合
居住用		特定居住用宅地等	330m²	80%
事業用	特定事業用宅地等	特定事業用宅地等	400m²	80%
		特定同族会社事業用宅地等		
	貸付事業用	貸付事業用宅地等	200m²	50%

例えば

評価額
3,000万円

130平方メートル

3,000万円 → 評価額（特例使用後）600万円

特例で評価減できる額

$$3{,}000\text{万円} \times \frac{130\text{平方メートル}}{130\text{平方メートル}} \times 80\% = 2{,}400\text{万円}$$

特例を使える人、使えない人

※ただし、以下の「特例を使える人」についても、さらに要件を満たす必要があるケースもあります。詳しくは税務署の窓口などで聞いてください。

特例を使える人			特例を使えない人	
親は老人ホームに入居していて空き家状態	3年以上賃貸住宅で暮らしている	親と一緒に暮らしている	配偶者の持ち家で暮らしている	持ち家で暮らしている
親が老人ホームに入居し、3年以上賃貸暮らしの場合はOK。	いわゆる「家なき子」状態が、3年以上続いていればOK。	親と一緒に暮らしていた場合は、問題なく利用できます。	持ち家がなくても、配偶者が所有する家に住んでいる場合はNG。	すでに家を所有している場合は、この特例は使えません。

のため、この特例を使うことができました。その結果、相続税の額は約23万円となりました。もし、この特例を使わなかったら、その額は約82万円になっていました。特例を使ったことで、約50万円を浮かすことができたわけです。

あえて家を買わない選択をする

当時、私は家を買おうとしていました。しかし、父が認知症になり、相続税対策を講じることができなかったため、この特例だけが、唯一の頼りでした。そのため、購入を先送りする選択をしました。

その際、懸案事項もありました。亡くなる直前まで、父は老人ホームに入所していたという点です。この特例を使うには「亡くなった人が住んでいた土地」ということが条件の1つのため、該当しないように思えたからです。

税務署に聞いたところ、「①亡くなる以前、要介護又は要支援認定等を受けている」「②老人福祉法等に認定された老人ホーム等に入居している」「③自宅を賃貸していない」(注1)がクリアになっていれば、大丈夫と言われました。父はこの3つをクリアしていました。

皆さんのなかで、この特例が使えそうであれば、67ページで紹介した、簡易的に土地の評価額を算出する方法で、ざっくりと評価額をつかみ、そこから、80％減額した額を出してみましょう。そして、もとの評価額から80％減の額を引いてみます。

私のケースでいえば、もとの評価額は約729万円で、80％減額後が約145万円。つまり、その差額は約584万円ということになります。暦年課税制度や相続時精算課税制度の非課税枠（110万円）を使った場合、約6年かかる計算になります。

(注1) 詳しくは、被相続人が住んでいた建物を、老人ホーム入居後に『事業の用』又は『「被相続人」、「被相続人の生計同一親族」、「老人ホーム入居直前に被相続人と生計を一にし、かつ、その建物に引き続き居住している被相続人の親族」以外の居住の用』に供さないこと。

では、「暦年贈与」と「小規模宅地等の特例」のどちらを使うべきなのでしょうか。まず、**相続税の額が大きく、暦年贈与では、年月がかかりすぎる場合は、2つを併用すべきでしょう。**

一方、暦年贈与を使って、6年程度でクリアできる場合、親が元気な段階で始められるのであれば、暦年贈与を優先させたほうがベターといえます。

相続税申告は本当に面倒……

じつは、小規模宅地等の特例を使うには、相続税申告をしないといけません。相続税申告は、本当に面倒です。その**面倒を避けたいのであれば、非課税枠を使って、地道に財産の移動を行うことをおすすめします。**

一方、親が老いた段階や、急いで相続税対策をすべき状況であれば、暦年贈与を使うだけでは、間に合わない可能性も高くなります。この場合は、相続時精算課税制度の非課税枠か小規模宅地等の特例をうまく使っていくことが大切になります。

特例を使うべきか、の見極めどころ

❶暦年贈与で相続税をゼロにできるか？

親が元気なうちから暦年贈与をすることで、相続税がかからないようにできると判断すれば、特例は利用しないでよいでしょう。

❷相続税申告をする覚悟があるか？

相続税申告は、書類の枚数は多いし、記入項目も多く面倒です。税理士に頼む必要もあるかもしれません。その覚悟があるならばOKです。

❸相続財産は相当多額か？

相続財産が多い場合は、相続税の発生は避けられないかもしれません。特例を利用して、1円でも安くするべきです。

2-8

配偶者が全財産を相続する「一次相続」は、デメリット面もある！

親のどちらかが亡くなったとき、子どもが一番に考えないといけないのは、遺された親のこれからの生活です。多くの場合、遺された親が、これまでの生活水準を維持できるように、亡くなった親の全財産を相続させようと考えるでしょう。そうした時、立ちはだかってくるのが、相続税です。相続税が発生してしまうと、親の生活は苦しくなってしまいます。

こうした点を考慮して、遺された親には、大きな軽減措置が設けられています。「1億6000万円または法定相続分のいずれか多い金額まで相続税はかからない」というものです。これを「配偶者の税額軽減」といいます。

私の妻の父が亡くなった際、家族で話し合い、義父の全財産は義母が相続しました。一見すると、これで〝万事ＯＫ〟のように映りますが、じつは、そうとは言い切れません。

問題は、最初の相続（一次相続）で遺された親が全財産を相続した後、その配偶者が亡くなり、子どもが相続（二次相続）するときです。

二次相続を見据えて対策をする

例えば、亡くなった父親の課税財産が5000万円で、母親と子ども2人の場合、一次相続で母親が全額を相続し、その後、その課税財産を使わずに亡くなり、二次相続の段階になると、子どもに合計80万円の相続税が発生します。

一次相続の盲点に注意

財産の総額	一次相続で配偶者が全額相続		一次相続で法定相続分で相続	
	一次相続時の税額	二次相続時の税額	一次相続時の税額	二次相続時の税額
5,000万円	妻 0円 子2人 0円	子2人 80万円	妻 0円 子2人 10万円	子2人 0万円

一方、一次相続で、2人が法定相続分（母親と子どもで2分の1ずつ）で相続すると、子どもには合計10万円の相続税が発生しますが、二次相続時には相続税はかかりません。

そのためにも「配偶者の税額減税があるから、相続税対策は不要」といった間違った認識はせずに、両親が元気な段階で、相続税対策をしっかり行ってください。

親のどちらかが亡くなったときには、こうした二次相続のことを考慮しながら、親子間で、相続の仕方を決めていくようにしましょう。

そして、子どもの相続時に相続税がかかりそうであれば、その額をしっかり計算し、暦年贈与や相続時精算課税制度の非課税枠を使った相続税対策を行い、相続税が発生しないようにすることを忘れないでください。

2-9 マイルや電子マネーもしっかり相続する！

私の母は、近所のローソンでよく買い物をしていました。母が亡くなり、一連の手続きが終わった頃、姉が「お母さん、Ｐｏｎｔａのポイントを貯めてるって言っていたことあるんだよね。あれ、どうなるのかな？」と言ったことがありました。母の財布を調べたところレシートが残っており、そこに記されていたポイント残高は５０００ポイントを超えていました。

そのとき思ったのが**「ポイントは相続できるのか？」**という点でした。Ｐｏｎｔａの規約が載っているサイトを見ると「ポイントを第三者に譲渡できない」と書かれていました。母が使っていた「Ｐｏｎｔａカード」も発見しましたが、使うのはやめておきました。

このほか、楽天ポイントやVポイント、ｄポイントなど、ほぼすべてのポイントは相続できません。ですので、親が使い切ることが大事になってきます。

相続が可能な〝マイル〟

ところで、**ポイント関連で、相続が可能なものもあります。それが航空会社のANAやJALのマイルです。**

ＪＡＬマイレージバンクの規約ページには、「会員が死亡した際、法定相続人は所定の手続きにより

ポイントやマイルは相続できる？

ポイント → 相続不可
楽天ポイントやVポイントなど、ほぼすべてのポイントは相続不可。使い切ることが大切。

ANA、JAL マイレージ → 相続可！
航空会社のマイルは、基本的に相続が可能。親が貯めていたら、ぜひ相続しましょう。

	JAL	ANA
マイル相続の可否	可	可
手続可能期間	いつでも	死亡後180日以内
相続範囲	法定相続人の範囲	法定相続人の範囲
遺言による相続の可否、および相続人の追加	可	可
必要書類	戸籍謄本、相続人の本人確認書類	戸籍謄本、相続人の本人確認書類
マイルの分割相続	可	不可
相続したマイルの有効期限	相続した月から数えて36か月後の月末（原則）	相続した月から数えて36か月後の月末（原則）

電子マネー → 相続可！
交通系、流通系、バーコード決済系などの電子マネーは、チャージ分は相続できます。

会員のマイル口座に残る有効なマイルを相続することが可能です」と書かれています。マイルの相続手続きは、ＡＮＡの場合は、本人死亡後、１８０日以内、ＪＡＬの場合は、特に期限はありません。

このほか、スターフライヤー、ＡＩＲＤＯなども相続可能です。

実際、私の友人は、父親のＪＡＬのマイルを相続しました。手続きは簡単だったと話します。その段取りは次の通りです。

相続人はマイレージ会員になる必要がある

まず大前提となるのが、相続人はＪＡＬマイレージ会員であることです。友人はすでに会員になっていたので問題はありませんでした。会員でない場合は、相続できないというわけではありません。相続の時点で会員登録をすれば大丈夫です。


必要な書類は「被相続人の除籍謄本」もしくは「戸籍謄本」です。どちらもコピーでＯＫです。さらに、ＪＡＬのサイトから「マイレージバンクの退会届（マイル相続用）」と「合意書」を印刷し、必要事項を記入して、ＪＡＬマイレージバンクの「マイル相続係」に郵送します。これで完了です。友人は10日前後でマイルが移行されたそうです。

１つ注意したいのは、マイルの有効期限です。ＪＡＬもＡＮＡも「最後の利用日から36か月後の月末」となっています。相続したマイルの有効期限も同様に「相続した日から36か月後の月末」となります。

なお、親がマイルを所有しているかどうかは、各航空会社に問い合わせをすれば教えてくれます。友人が親のマイルの存在を疑ったのは、親の老後の趣味が旅行だったからです。もしかしたらと、ＪＡＬ

マイレージバンクに電話で問い合わせたところ「マイルの有無と数量」を教えてくれたそうです。

親の電子マネーは相続できるのか？

ところで最近は、電子マネーの利用率が高まっています。親世代でも、使っているケースは多いといえます。電子マネーには、交通系（Ｓｕｉｃａ、ＰＡＳＭＯなど）、流通系（ｎａｎａｃｏ、ＷＡＯＮなど）、バーコード決済系（ＰａｙＰａｙ、楽天Ｐａｙなど）等があり、数十万円をチャージしている人も少なくありません。

では、**電子マネーは相続できるのかといえば、事前にチャージされた分が残っている場合は、基本的に相続可となっています。**例えば、Ｓｕｉｃａの規約には「法定相続人が当社の定める手続きにより払いもどしの請求をしたとき、当社は退会の手続きを行います」と書かれています。

ＰａｙＰａｙについては、２０２０年までは相続不可でしたが、21年1月に規約を改定し、残高を相続または継承できることを明文化しています。

皆さんは、自分のマイルや電子マネーについて、何を利用しているのか、誰かに伝えていますか？

おそらく多くの人が「自分だけしか知らない」と答えると思います。

ということは、親の電子マネーについても、まず知らないはずです。いわゆるデジタル遺産は、すべてＰＣやスマホ内で完結するケースが多いため、遺された家族は、その存在を知る由がないと断言できます。

それだけに、**親が元気なうちに、どんな電子マネーを使っているのか、マイルはあるのか、しっかり聞き出し、メモとして残しておきましょう。**

第3章

遺産相続の盲点――それは「親の借金」

～親の借金が子どもに降りかからないためにすべきこと

3-1

親の財産は、プラスだけではなく、マイナスの財産もある

——借金も含まれます

これまでの章では、親の財産について把握し、相続税を発生させないコツを紹介してきましたが、まだ触れていない親の財産があります。**それはマイナスの財産——つまり、借金です。**

民法では、プラスの財産を引き継ぐように、マイナスの財産もまた、遺された配偶者や子どもが引き継ぐことと定めています。

しかしそれでは、借金持ちの親の家族は、親の死後、突然借金まみれになり、大変困った事態に陥ります。そこで民法では、「相続放棄」という制度を設けています。**相続放棄とは、プラスの財産もマイナスの財産もすべて放棄するというものです。**

皆さんは、自分の親に借金があるかどうかを、知っていますか？　多くの人が「全然知らない」と答えるのではないでしょうか。

しかし、親の借金の有無を知らないままでいると、親の死後、あなたが借金を背負うことになりかねないのです。

自動的にマイナスの相続をすることもある

相続放棄の手続きは、相続開始を知ってから3か月以内と定められています。一般的には、被相続人が亡くなった日となります。3か月を過ぎれば、自動的にマイナスの財産も相続することになります。

私の友人は、父親の死から2か月後、父親宛ての督促状が届き、多額の借金を知ることとなりました。まさにギリギリですが、3か月以内にわかっただけでもラッキーだったとは、友人の言葉です。

　では、親の借金をどのように知るべきなのでしょうか。まず大前提として、親が自発的に話すことはないと考えてください。シンプルですが、「親が健在なうちに聞く」ことが鉄則になります。

　前述の友人は「怪しいなとは思っていたけど、親のプライベートな問題なので、聞かなかった」そうですが、その考え方はNGです。債務が子どもに降りかかってくる以上、決してプライベートな問題ではないからです。

　親に聞いて「借金がない」場合は、笑って答えてくれるはずです。私の母は「住宅ローンは終わってるし、負債はゼロよ」と答えてくれたものです。

　親が口を濁した場合は、要注意です。そのときは「相続のとき、残された家族が借金をかぶることになるんだよ。返済方法の計画を立てたりするためにも、教えてほしい」と伝えます。親と良好な関係を築けていれば、親はちゃんと告白するはずです。

親の借金を子どもが背負う？

親の借金は、親が存命であれば、子どもに返済義務はありません。しかし、親が亡くなった途端、返済義務が発生します。

親が存命中のケース	親が亡くなったケース
子どもに借金を返済する法的な義務は「ない」	相続が発生すると返済義務が「発生する」
子どもが親の借金の連帯保証人の場合は、返済義務があります。	マイナスの財産もプラスの財産も子どもが相続することになります。

3-2

相続の方法は「単純承認」「限定承認」「相続放棄」の3つがあります

親が借金を残したまま亡くなった場合は、相続人が借金を受け継ぐか、受け継がないかを決めることができます。

その方法は3つあります。**相続財産のすべてを相続する「単純承認」**と、**プラスの財産の限度で借金を支払い、余りがあれば、それを相続する「限定承認」**、**そしてプラスの財産も借金も受け継がない「相続放棄」**です。

借金を受け継がないのであれば、3か月以内に家庭裁判所に申告しなければいけません。この期間を「熟慮期間」といいます。この期限を過ぎてしまえば、自動的に「単純承認」となります。

3か月という期間は、あっという間です。また、100ページで触れますが、被相続人に借金があることに気づかず、死後数か月経ってから、借金の存在が判明した場合は、家庭裁判所に申告することで、その知った日から3か月以内となる可能性もあります。しかし、それでも3か月以内に相続放棄するか否かを決めないといけないのです。

プラスの財産を把握し、迅速な対応を

では、どうすれば、スピーディーに対応できるのでしょうか。

親が健在なうちに、親のプラスの財産をざっくり

相続時の3つの選択肢

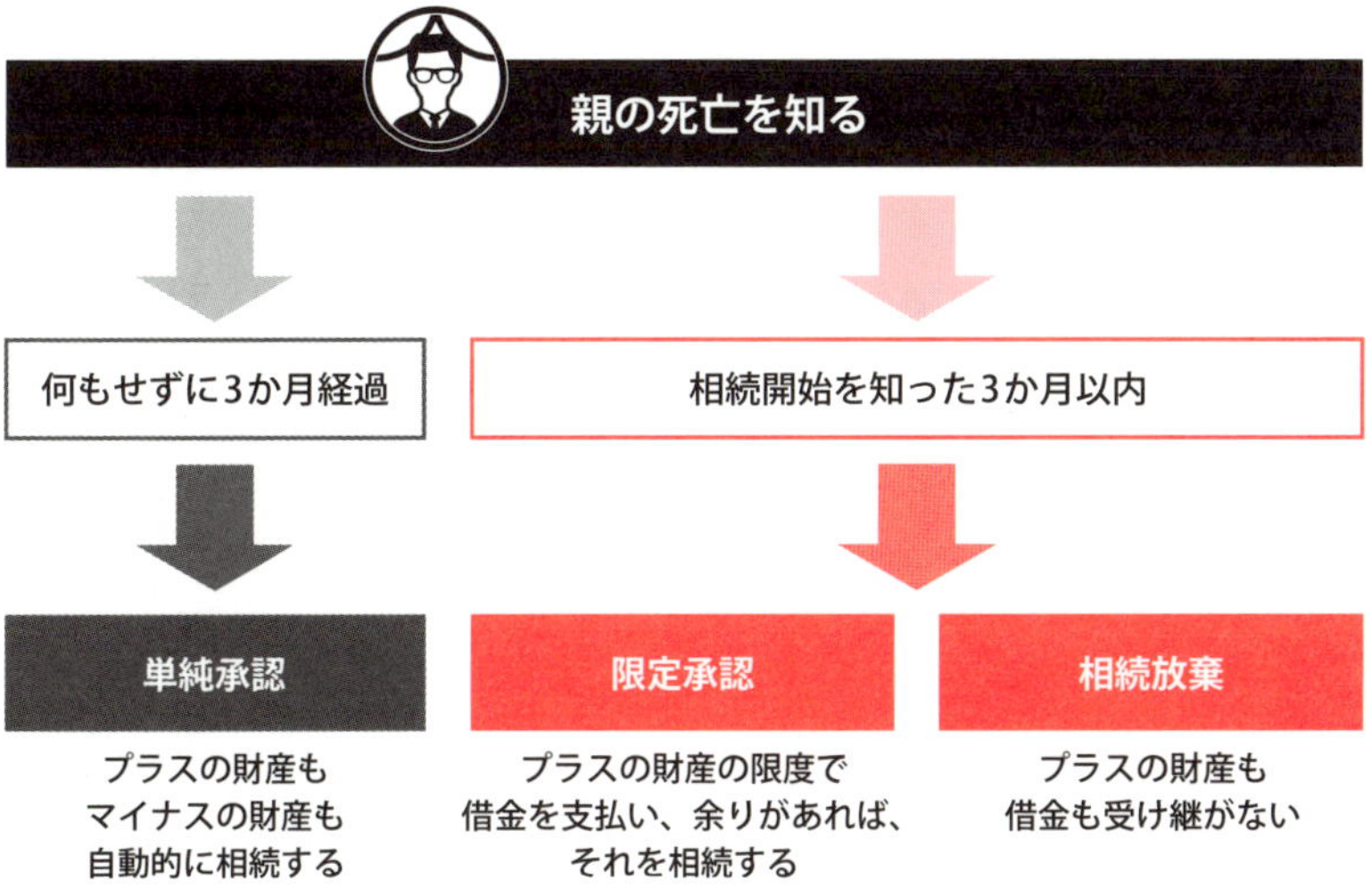
親の死亡を知る
何もせずに3か月経過
相続開始を知った3か月以内
単純承認
限定承認
相続放棄
プラスの財産も
マイナスの財産も
自動的に相続する
プラスの財産の限度で
借金を支払い、余りがあれば、
それを相続する
プラスの財産も
借金も受け継がない

と把握しておくのです。そうすれば、督促状などを見た段階で、マイナスの財産のほうが上回ると判断でき、すぐに相続放棄をチョイスできます。

第1章で、相続税をゼロにするためにも、親のプラスの財産を把握することが重要だと述べました。じつは、**マイナスの財産があった場合に「相続放棄するか否か」を、迅速に決断するためにも、親のプラスの財産の把握が大切だといえる**のです。

では、限定承認は、どんなケースで選べばいいのでしょうか。

それは「プラスの財産と借金のどちらが多いのかが把握できない」ケースといえます。ただし、そのようなケースはまれで、しかも、相続人全員で行うため、誰か1人でも反対すると限定承認ができないなど、デメリット面も多く、限定承認を選ぶ割合は、全体の0・5%程度です。

3-3 相続放棄は、借金を抱えた親を持つ子どもの当然の権利と思いましょう

相続放棄は、どのくらいの人が実際に行っているのでしょうか。司法統計によると、２０２３年度で、約28万件となっており、この5～6年は、毎年約１万件ずつ増加しています。「そんなにいるんだ！」と驚きますよね。

相続放棄というと、特殊なことに思えるかもしれませんが、そんなことはなく、誰もが選択できる権利であることがわかります。

相続放棄する動機は、人それぞれですが、一番多いのは「被相続人の借金」です。そして債務先は「消費者金融」「金融機関」などとなります。

典型的なパターンとしては、消費者金融に借金をして、不動産も手放している、もしくは、そもそも所持していない状況が挙げられます。

借金額が少額でも相続放棄する人は多い

こうしたケースでは、判明した借金額が数十万円程度だとしても、多くの相続人が相続放棄します。消費者金融に借金をしている場合は、１社だけではない可能性も高く、相続人は「もっと他でも借りてるのでは？」と、疑心暗鬼な気持ちになります。消費者金融などから督促されるストレスもあります。その結果、「スッキリしたい」と、相続放棄を選ぶのです。

95ページで紹介した私の友人は、相続放棄後、父親は4社の消費者金融からお金を借りていたことが判明しています。相続放棄をしなければ、すべて遺された家族が背負うことになったわけです。

また、「親と疎遠だから」という理由で、相続放棄を選択するケースもあります。親子関係が良好ではない場合、親の普段の生活がまったくわからないものです。それゆえ「もし、借金だらけだったら……」ということで、相続放棄を選ぶのです。あるいは、「自分は疎遠だし、ほかの人に譲りたい」と思うのです。

ここまで読んで**「でも、疎遠だからといった理由だけで、相続放棄は可能なの？」と思うかもしれませんが、「相続開始を知ってから3か月を超えた」といったミスをしなければ、相続放棄するのに、理由は問われないので安心して大丈夫です。**「裕福で生活に困ってない」という理由の人もいます。

なお、相続放棄の申述について、家庭裁判所による書面上の調査はありますし、申述人を呼び出して事実関係を聴取するなどの調査をすることもあります。ですので、虚偽は絶対にいけません。

相続放棄の件数

2017年度に20万件だった相続放棄の件数は、2023年度では28万件となっています。年々、相続放棄を選ぶ割合が増えているのです。

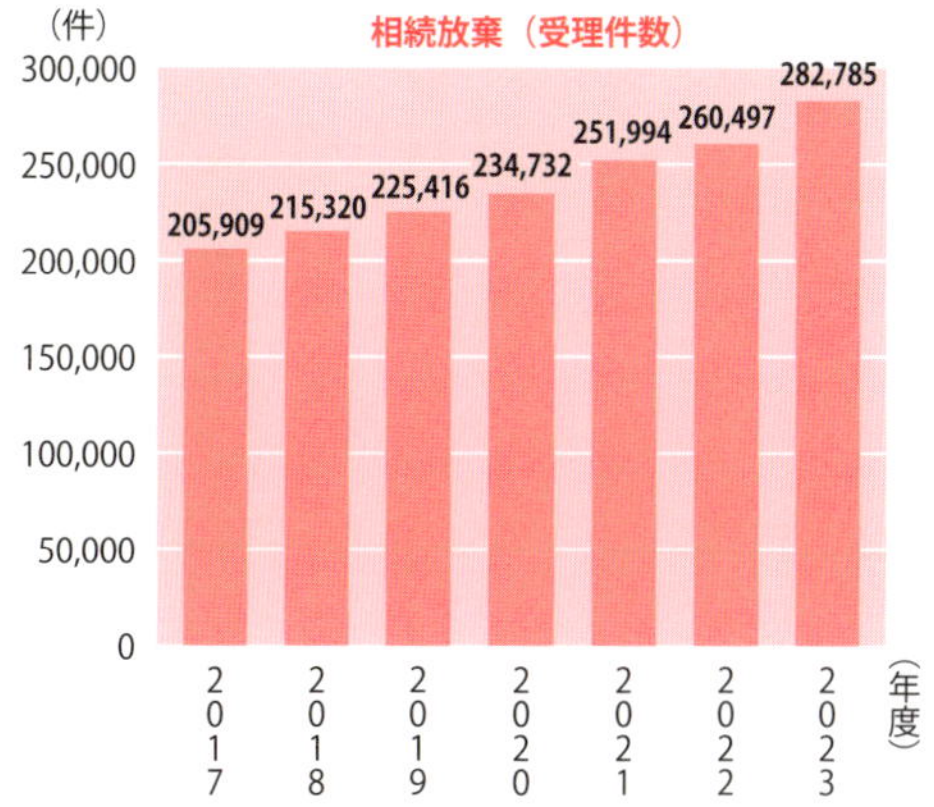

出典：最高裁判所「令和5年 司法統計年報」

3-4

3か月を超えても、正当な理由があれば相続放棄はできます

相続放棄は、被相続人の死後、3か月以内とされ、相続人が相続方法を検討する「熟慮期間」と呼ばれています。もう少し詳しく書くと、**「相続の発生を知ったときから3か月以内」ということになります。**

親と子の関係性が良好であれば、親の死はすぐにわかります。臨終に立ち会うことも多いでしょう。しかし、そうではないケースもあります。

例えば、疎遠だった親が亡くなっても、それを知るのには、一定の時間がかかります。疎遠の親の相続人として、遺産相続の手続きが必要となり、親の親族や役所、家庭裁判所、警察などから連絡が入って知るケースがほとんどです。

あるいは、孤独死の場合は、警察が死亡時の調査を行い、その過程で遺留品などから家族の手がかりを見つけて、彼らに連絡を入れます。そのため、親の死を知るのが3か月を超えることも、十分あり得るのです。

そこで、民法では、死後3か月経過した時点で親が亡くなったことを知ったのであれば、その知った日から3か月以内を「熟慮期間」と定めています。

借金の存在を知るのが遅いとどうなる？

では、借金の存在を、死後だいぶ経過してから知

3か月を超えても、相続放棄が認められるケース

相続放棄するか否かは3か月以内に決める必要がありますが、借金の存在を知ったのが4か月後であれば、申告することで、その知った日から3か月以内に決めれば大丈夫です。

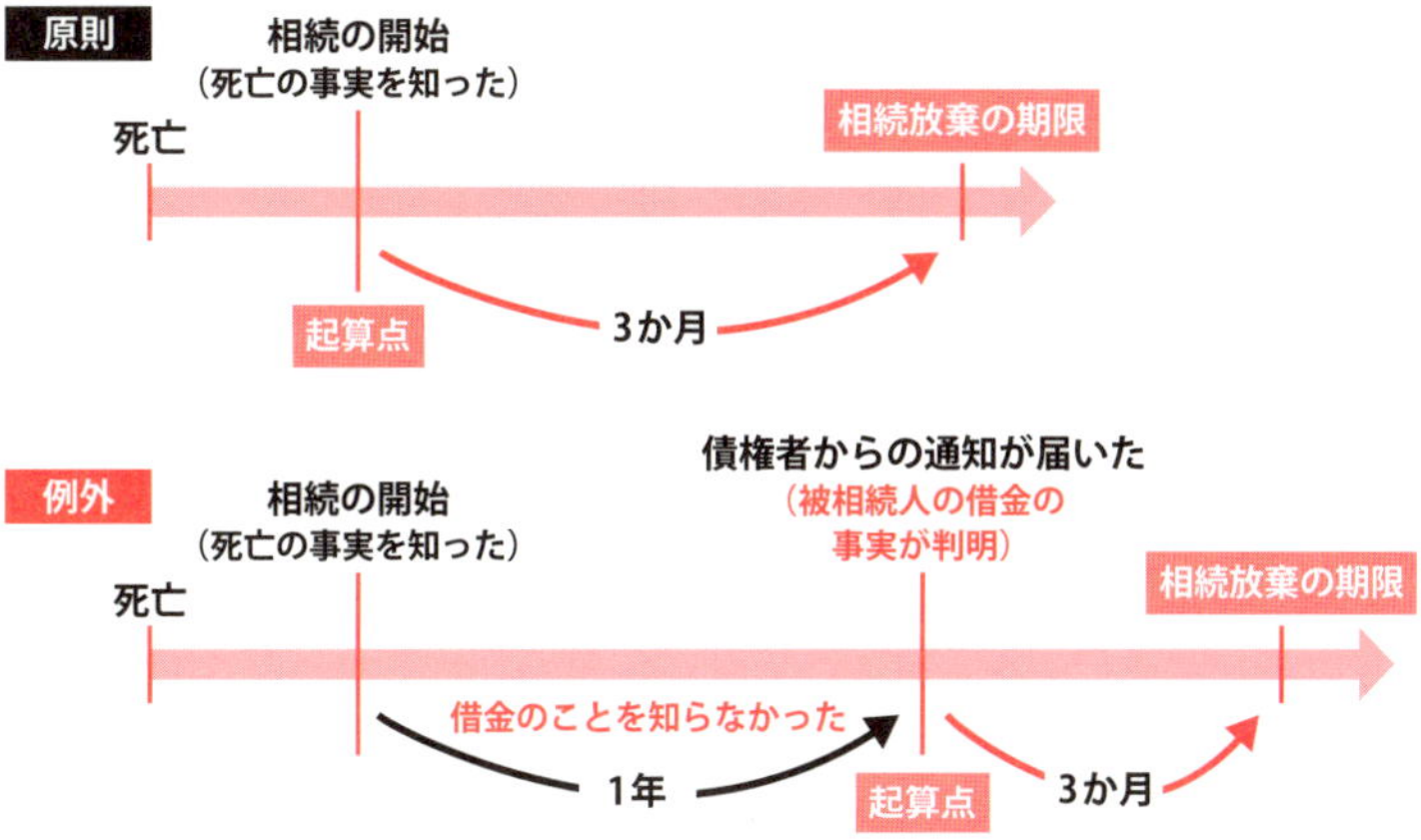

った場合は、どうなるのでしょうか。95ページで、親が健在なうちに「借金はない？」と聞くことが鉄則だと触れましたが、疎遠であれば、聞く機会もありません。一方、関係は良好でも、言わないケースや、言うタイミングを逃して、亡くなるケースも多くあります。

通常、お金を貸していた消費者金融や銀行は、本人の死亡を知ると、独自で戸籍謄本を取り、家族宛てに督促状などを送ってきます。役所も同様で、固定資産税の滞納等があれば、家族宛てに書類を送ってきます。

このように、親が借金の存在を明かさないまま亡くなった場合、書類が送られた時点で、子どもは「マジ!?」と、借金の事実を知るケースが多いのです。そしてこれらの書類は、死後、かなりの期間を経て送られてくることも少なくありません。

こうした「熟慮期間を過ぎて、被相続人の負債を知った」ケースでは、期限が過ぎていても相続放棄は可能です。判例も出ています。

取材をさせてもらったAさんは、疎遠だった父親の死後5か月経って、住宅金融支援機構から「相続の御意向確認について」という書類が届き、1000万円の負債があることを知ったそうです。結果として、相続放棄は受理され、Aさんは負債を抱え込まないで済みました。

証拠と事情説明書を用意する

熟慮期間を過ぎてから借金の存在を知り、相続放棄する場合は、証拠（督促状など）と事情説明書（上申書）が必要になります。

事情説明書は「なぜ熟慮期間を過ぎて、負債があることを知ったのか」について、A4用紙1枚程度にまとめます。前述のAさんは「自分が相続人であること、熟慮期間内に相続放棄しなかった理由、熟慮期間を過ぎて負債を知った経緯」をコンパクトにまとめたそうです（次ページ参照）。

また、「疎遠だった親が亡くなったのを知ったのが、親の死から4か月後」であれば、その旨を記述します。冒頭で紹介した「疎遠だった親の死を遅れて知った」際も、その旨を記した事情説明書を提出します。

なお、**「相続放棄の期限を知らなかった」「多忙で手が付けられなかった」といった自己都合の言い訳は通用しないので注意してください。**

一方、相続財産の調査に時間がかかってしまっている場合は、相続放棄の期間伸長の申し立てを行うことで、1～3か月程度の猶予がもらえる可能性があります。

上申書の書き方

上申書には、なぜ3か月を超えて、相続放棄することになったのかを書きます。コンパクトにまとめるとよいでしょう。

上申書

(1) 私は、被相続人●●（令和6年2月1日死亡）の相続人である永峰英太郎です。●●は私の父になります。

(2) 私は長く●●と不仲で、この10年間、まったく連絡を取らず、住まいもわからない状態でした。ですので、●●が死亡したことも、まったく知りませんでした。

(3) しかし、令和6年8月4日、▲▲会社からの督促状が私に送られてきました。そこには、被相続人が平成28年3月3日にお金を借りて以来、まだ返済をしていない借金があり、相続人である私に支払いを求める内容でした。

(4) 被相続人が亡くなってから6か月以上経過していますが、父の借金を背負うつもりはありません。よって私は被相続人●●の相続について、放棄したく申述します。

令和6年8月10日
申述人　住所：神奈川県鎌倉市〇〇－〇〇

永峰英太郎　（永峰）

3-5

相続放棄は、勝手にやらず、相続人全員で情報を共有しましょう

相続人は、民法によって優先順位が明確に定められています。まず、遺された配偶者は常に相続人で、それ以外は、次の順位で、配偶者とともに相続人になります。第一順位が「死亡した人の直系卑属（子や孫など）」、第二順位は「死亡した人の直系尊属（父母や祖父母など）」」、第三順位は「死亡した人の兄弟姉妹」となります。

第一順位の相続人である「子ども全員」が相続放棄すると、相続権は、第二順位の「被相続人の両親」へと移ります。そして、その両親や祖父母がすでに亡くなっていたり、相続放棄した場合は、第三順位の被相続人の兄弟姉妹に、相続権は移ります。

相続放棄は黙っていれば、誰も知らない

相続放棄は、ほかの相続人の許可を得ることなく、行使することができます。そして、相続放棄したことは、ほかの相続人に自動的に連絡がいくわけではありません。

つまり、あなたが相続放棄したとしても、あなたが、そのことを伝えない限り、ほかの相続人は誰も、あなたが相続放棄したことを知らないのです。そして多くの場合、被相続人が「負債を抱えている」事実も知りません。

それだけに、相続放棄する際は「〇〇の理由で、

相続放棄すると、次の順位の人に相続権が移る

第一順位の人が相続放棄したら、相続の権利は、次の順位の人に移ります。つまり、相続放棄とは、さまざまな人を巻き込む手続きであることがわかります。

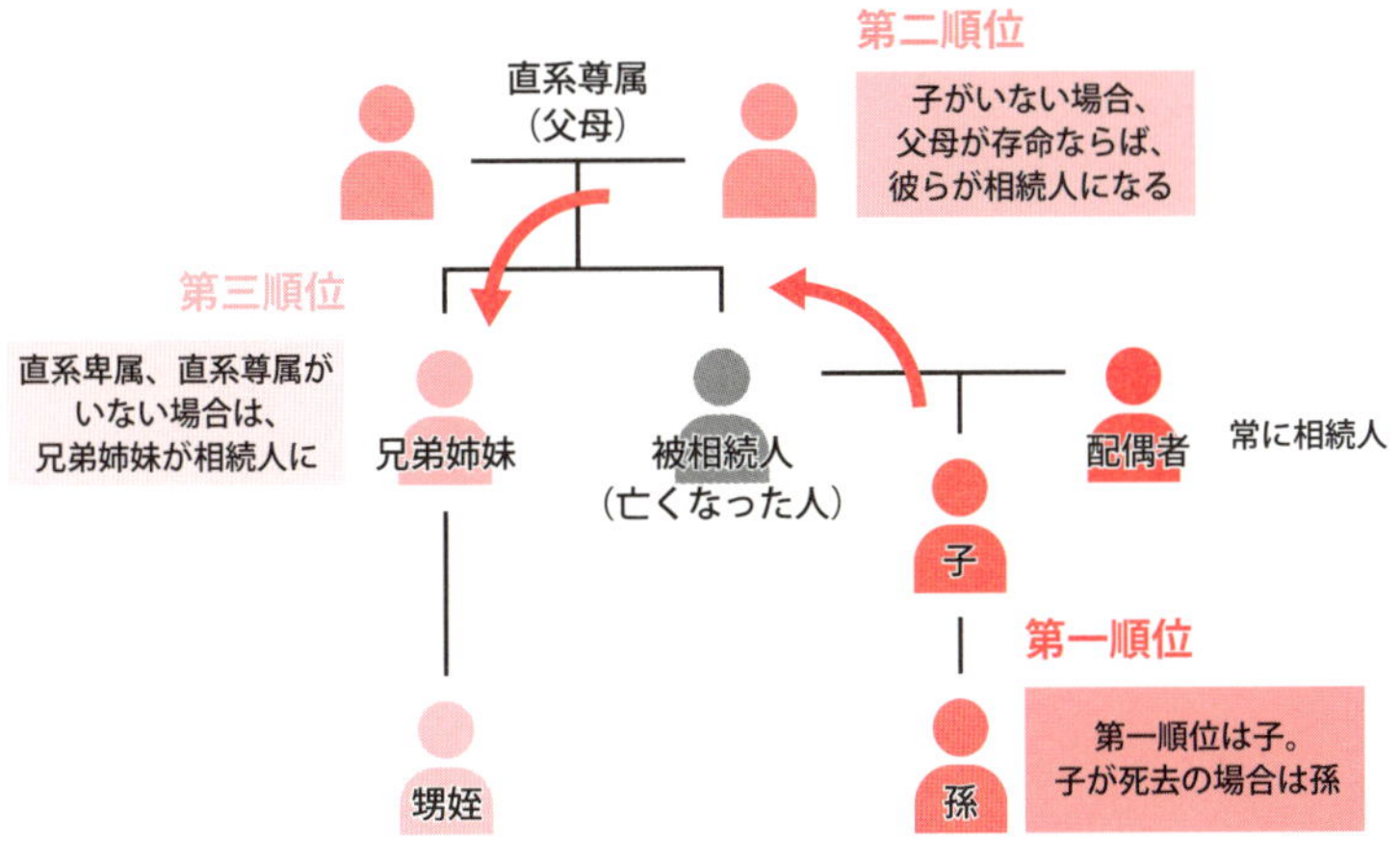

相続放棄します」と、同じ順位の相続人や次の順位の人に知らせることが、とても大切になってくるのです。

なお、第二順位、第三順位の人は、自分が相続人であることを知った時点から3か月以内に、相続放棄をするか否かを決めることになります。

また、100ページでも触れましたが、「熟慮期間を過ぎて、被相続人の負債を知った」ケースでも、相続放棄は可能です。そのため、次の順位の人が、いつの間にか多額の借金を背負わされることは基本的にありません。

しかし、例えば、第一順位の相続人が相続放棄をして、そのことを第二順位の相続人に伝えないと、債権者である消費者金融などが、第二順位の相続人に督促状を送ることもあり得ます。

そんな事態になれば、親戚関係は悪化してしまい

ます。**相続放棄をしたら、次の順位の人に伝えることは義務ともいえるのです。**

第一順位の相続人が相続放棄するということは、多くの場合、第三順位までの相続人全員が相続放棄する可能性もあります。それだけに、できることであれば、**すべての相続人に知らせるのがベスト**です。

自分の親の兄弟姉妹の居所、知ってる？

相続放棄した私の友人は、亡くなった父親の借金を知ったときに、まず母親と妹と相続放棄することを話し合いました。この時点で、父親の両親（第二順位）は他界していたため、すぐに第三順位となる父親の兄弟姉妹に伝えようとしましたが、ここで大きな問題が発生しました。父親には2人の兄がいましたが、1人は疎遠で、葬式にも来なかったため、連絡先を把握していなかったのです。結局、葬式に参列した父親のもう1人の兄を通じて、何とか知ることができたそうです。

皆さんは、自分の親の兄弟姉妹の居所を知っていますか？　知らない人も多いのではないでしょうか。

親の葬式時には、親の兄弟姉妹を呼ぶことになるのですから、借金の有無に限らず、親が元気なうちに**第三順位までの相続人の住所やメールアドレスを聞いておくことをオススメします。**

そして、相続放棄をすると決めたら、すぐにでも、そのことを伝えてください。

なお、それぞれの順位では、揃える書類は異なります（次ページ参照）。ちなみに相続放棄は、同じ順位の相続人（配偶者も）は、まとめて相続放棄できます。

相続放棄する際に必要な書類

相続放棄の手続きには、さまざまな書類が必要です。順位によって、揃えるものが違うので、注意しましょう。

①放棄する人が被相続人の配偶者

□被相続人の住民票の除票（マイナンバーの記載がないもの）または戸籍附票
□被相続人の死亡時の戸籍謄本（3か月以内のもの）

②第１順位（放棄する人が被相続人の子）

□被相続人の住民票の除票（マイナンバーの記載がないもの）または戸籍附票
□被相続人の死亡時の戸籍謄本
□放棄する人の現在の戸籍謄本（3か月以内のもの）

③第２順位（放棄する人が被相続人の父母・祖父母）

※先順位者がいる場合は、その方の相続放棄申述がすでに受理済みであることが必要
□被相続人の住民票の除票（マイナンバーの記載がないもの）または戸籍附票
□被相続人の出生時から死亡時までの間の各戸籍謄本（＝被相続人が載っている戸籍のすべてを取ってください）
□放棄する人の現在の戸籍謄本（3か月以内のもの）

④第３順位（放棄する人が被相続人の兄弟姉妹）

※先順位者がいる場合は、その方の相続放棄申述がすでに受理済みであることが必要
□被相続人の住民票の除票（マイナンバーの記載がないもの）または戸籍附票
□被相続人の出生時から死亡時までの間の各戸籍謄本（＝被相続人が載っている戸籍のすべてを取ってください）
□被相続人の（□父母／□祖父母）が死亡している場合は、死亡の記載のある戸籍謄本
□放棄する人の現在の戸籍謄本（3か月以内のもの）

3-6

相続放棄を選択したら、被相続人の遺産の取り扱いには注意が必要

私の友人は、父親の財産を相続放棄する際、知人から「葬儀費用はどうした？」と聞かれました。「父の口座から支払った」と答えると、「そうなると相続放棄は難しいのでは？」と言われます。

相続財産を放棄する際は「相続放棄前後、相続財産を処分したとみなされる行為はしてはならない」というルールがあります。処分すると、相続する意思があると判断され、単純承認になってしまう可能性があるのです。

しかし、結論から言うと、葬儀費用については、「問題はない」という判決が出ています。そのことを知り、友人は一安心でした。なお、葬儀費用を「香典」から支払っても問題はありません。香典は「喪主への贈与財産」だからです。

そのほかの費用については、相続財産を処分したとみなされる危険性があるため、遺産から支払うのは避けるべきです。入院費用についても、です。

自動車の相続に要注意

お金以外の相続財産については、価値のないもの（お金に換算できないもの）は、処分してもかまいません。一方、**お金に換算できそうなものは、一切手を付けてはいけません。**

なかでも、**厄介な存在となるのが、自動車**です。

中古車買取業者に査定をしてもらい、「価値はない」と判断された場合は、そのまま処分してもかまいませんが、値段がついた場合は、被相続人の死後、相続放棄する人は、115ページで紹介する相続財産清算人を通して売却する必要が生じます。とはいえ、車の売却のために、数十万円以上かかる相続財産清算人の選任申し立てを行うのは、現実的ではありません。一方で、勝手に売ってしまえば、単純承認になってしまいます。

駐車場代がかかっている場合、相続放棄すれば、支払う必要はありませんが、そうでない場合は、相続人がその支払いをずっと続けることになります。自動車の財産価値もどんどん下がるでしょう。それだけに、**相続放棄をすると決めたら、借金を抱える親は、早めに車を売却することが大切**になります。あるいは名義変更するのもよいでしょう。

そのほかの「価値のある財産」も、早い段階で売ってしまいましょう。

相続放棄が認められなくなる行為

相続放棄するのであれば、その前後で、相続人が下に挙げた相続財産を処分してしまう行為は、ご法度となります。

（例）
- 相続財産を使い込んだ
- 遺産に担保権を設定した
- 不動産や車を名義変更した
- 不動産や車を売却した
- 預金口座の凍結解除手続きをした
- 有価証券を売却した
- 遺産分割協議に参加した

3-7

相続放棄は、家庭裁判所に申請します

「相続放棄は家庭裁判所で手続きを行う」と聞くと、「絶対に自分では無理」と思うかもしれません。しかし、そんなことはありません。私の友人は、相続放棄の書類作成を司法書士に依頼しましたが、できあがった書類を見て「自分でも書けたと思った」と振り返ります。

相続放棄の手続きは、相続放棄申述書を作成し、必要な添付書類を揃えることから始めます。相続放棄申述書は、申請者と被相続人の氏名や相続放棄の理由、相続財産の概略などを記入します。具体的な記入の仕方は、112ページに載せました。10分程度で書けるボリュームです。手数料として収入印紙800円分、連絡用の郵便切手が必要です。

戸籍は最寄りの役所で一括請求できる

添付書類は、相続人の順位によって、異なってきます（107ページ参照）。なお、第二順位や第三順位で必要となる「被相続人の出生時から死亡時までのすべての戸籍謄本」は、戸籍法の改正で、2024年3月より、最寄りの役所窓口で一括請求できるようになりました。

相続順位が同順位の相続人は、まとめて手続きをすることができます。この場合、共通する添付書類は1通でOKです。

相続放棄の大まかな流れ

相続放棄の大まかな流れを紹介します。それほど難しくはなく、専門家に頼らずに、自分で十分できます。

- STEP 1　相続放棄をすべきか検討
- STEP 2　ほかの相続人に連絡
- STEP 3　必要書類の収集
- STEP 4　相続放棄申述書の作成
- STEP 5　家庭裁判所に提出

（ここまで、相続を知ってから3か月以内）

- STEP 6　照会書の回答・返送
- STEP 7　相続放棄申述受理通知書の到着
- STEP 8　自分でほかの相続人に受理されたことを連絡

書類を揃えたら、被相続人の最後の住所地を管轄する家庭裁判所で手続きを行います。**郵送でも可能ですが、直接足を運ぶことをオススメします。修正点があればその場でアドバイスしてくれますし、相談にも乗ってくれるから**です。

こうして提出を完了させると、数週間以内に、家庭裁判所から相続放棄の意思などを確認するための書類（照会書）が届くので、回答・返送することで、実際の審査に移ります。そして1か月程度で、相続放棄が受理されたという「相続放棄申述受理通知書」が家庭裁判所から送られてきます。これで相続放棄は終了ということになります。

父親の借金のため、相続放棄した私の友人は、債権者から督促状が届いた際、この「相続放棄申述受理通知書」の写しを送付したといいます。その結果、督促はストップしたそうです。

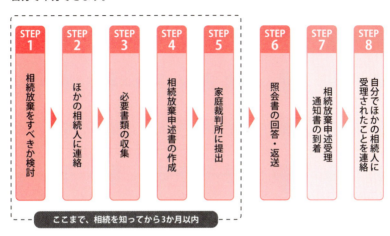

相続放棄申述書の記入内容

❶裁判所は「亡くなった人の住所を管轄する家庭裁判所」となります。自分の住所地ではないので要注意です。作成年月日も記入します。

受付印	**相　続　放　棄　申　述　書**
紙　　円 手　　円	（この欄に収入印紙 800 円分を貼ってください。） （貼った印紙に押印しないでください。）

準口頭		関連事件番号　平成・令和　　年（家　　）第　　　号

家庭裁判所 御中 令和　　年　　月　　日	申述人 （未成年者などの場合は法定代理人） の記名押印	印

添付書類	（同じ書類は1通で足ります。審理のために必要な場合は，追加書類の提出をお願いすることがあります。） □ 戸籍（除籍・改製原戸籍）謄本（全部事項証明書）　合計　　通 □ 被相続人の住民票除票又は戸籍附票 □

❷裁判所から連絡が入ることもあります。正しく記入します。電話は、平日の日中でも連絡のつくように、携帯電話番号がよいでしょう。

申述人	本籍（国籍）	都道府県			
	住所	〒　　－　　電話　　（　　） （　　　方）			
	フリガナ 氏名		昭和 平成 令和　　年　月　日生 （　　歳）	職業	
	被相続人との関係	※ 被相続人の………　1 子　2 孫　3 配偶者　4 直系尊属（父母・祖父母） 5 兄弟姉妹　6 おいめい　7 その他（　　　）			
法定代理人等	※ 1 親権者 2 後見人 3	住所	〒　　－　　電話　　（　　） （　　　方）		
		フリガナ 氏名		フリガナ 氏名	
被相続人	本籍（国籍）	都道府県			
	最後の住所		死亡当時の職業		
	フリガナ 氏名		平成 令和　　年　月　日死亡		

（注）　太枠の中だけ記入してください。　※の部分は，当てはまる番号を○で囲み，被相続人との関係欄の7，法定代理人等欄の3を選んだ場合には，具体的に記入してください。

相続放棄（1/2）

（942080）

❸被相続人の情報を記載します。死亡日も記入します。

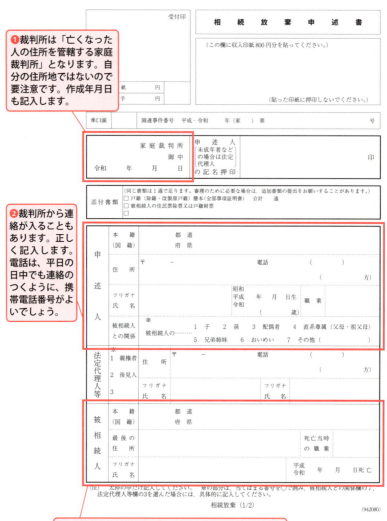

申　述　の　趣　旨
相続の放棄をする。

申　述　の　理　由	
※　相続の開始を知った日…………令和　　年　　月　　日 1　被相続人死亡の当日　　3　先順位者の相続放棄を知った日 2　死亡の通知をうけた日　　4　その他（　　　）	
放棄の理由	相続財産の概略
※ 1　被相続人から生前に贈与を受けている。 2　生活が安定している。 3　遺産が少ない。 4　遺産を分散させたくない。 5　債務超過のため。 6　その他（　　　）	資産　農地……約＿＿平方メートル　現金 預貯金………約＿＿万円 山林……約＿＿平方メートル　有価証券……約＿＿万円 宅地……約＿＿平方メートル 建物……約＿＿平方メートル 負債……………………………約＿＿万円

（注）　太枠の中だけ記入してください。　※の部分は，当てはまる番号を○で囲み，申述の理由欄の4，放棄の理由欄の6を選んだ場合には，（　　）内に具体的に記入してください。

❹相続の開始を知った日を記入します。「督促状で知った」のであれば、4の「その他」に記入します。

❼負債についても、わかる範囲でOKです。まったくわからなければ「不明」と記します。

❺放棄の理由について、選択肢のなかから選びます。当てはまらない場合は6の「その他」に記入します。疎遠の場合は「遺産分割協議に関わりたくない」などと書きます。

❻相続財産について、記入します。わからなければ「財産は不明」としても大丈夫です。

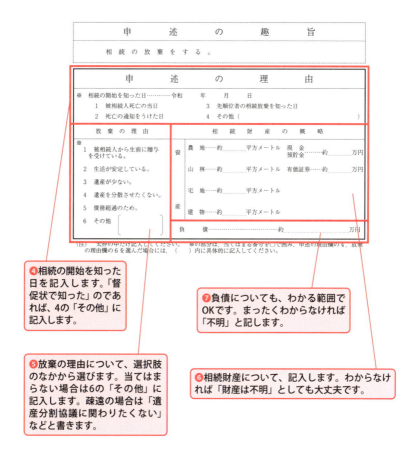

3-8

家を相続したくないという理由で、相続放棄するのは、リスクも伴います

私が父の遺産相続をする際は、その財産は「預貯金」と「空き家（土地・建物）」でした。単純承認し、そのすべてを相続しました。そして、父の死後、「空き家」は売却しました。

このように**「空き家」以外に、プラスの遺産がある場合は、単純承認の選択をするケースがほとんどでしょう。問題は、プラスの遺産が、基本的に「空き家」のみの場合**です。

私は約8年間、無人の家を維持してきましたが、草むしりや部屋の換気、近隣への挨拶など、かなりの労力を強いられました。固定資産税も年6万円ほどかかりました。**空き家を相続するということは、こうした負担が続くということなのです。**

私の親の家は、その後、600万円で売却することができました。このように、利益が出るのであれば、家を相続すればいいのですが、利益が出そうにない場合は、相続する意味が見出せません。そこで浮かび上がるのが、「相続放棄」という選択肢です。

これによって、**固定資産税はかからなくなりますし、二束三文の家を売る必要もなくなります。**

空き家の相続放棄の注意点

一見すると、「空き家＝相続放棄」は、最善の策のように思えますが、注意すべき点があります。**相**

続放棄後の家の管理です。

相続人全員が相続放棄した場合、空き家はどうなるのでしょうか。

民法では、相続放棄に伴う管理義務の発生条件を明確にしており、それは「現に占有している者」(被相続人と同居していた者)となります。2023年4月以前は「相続放棄後も管理義務が発生」と定められていたのですが、民法改正によって「現に占有している者」と変更されました。

とはいえ、相続放棄した以上、配偶者や子どもは、その家を出なくてはいけません。居続ければ、不法占有となり、刑法上の罰則を受けることになりかねません。

それにしても、です。相続放棄したのに、ずっと家の管理をしなくてはいけないのは、あまりに酷です。そこで、家の管理は、家庭裁判所が選任した「相続財産清算人」に任せるという方法があります。

相続財産清算人とは、相続人が誰もいない場合に、相続人に代わって相続財産を管理・清算するために指定される人のことです。多くの場合、弁護士が選ばれます。彼らは、プラスの財産があれば、債権者に分配するなどして、最終的に残った財産を国庫に帰属させます。

相続財産清算人への費用はかなり高額

問題は、相続財産清算人への費用です。数十万円から100万円程度かかるのです。原則として、申し立てる者が負担しなくてはいけないのです。

そのため、相続放棄した人が、相続財産清算人の選任申し立てをすることは、ほぼないのが実情です。実際に相続放棄し、相続財産清算人の選任申し立てを先送りしている人に話を聞くと、「そんな大金出せないので……」ということでした。

なお、相続財産清算人の選任申し立ては、「現に占有している者」のほか、債権者なども対象になります。しかし、債権を大きく回収することは難しいため、彼らが申し立てを行うのは、まれです。

その結果、何が起こるのか。空き家を管理し続ける義務を負うということです。前述の人物は「年数回の草むしりは必須。換気もしている」そうです。

相続放棄しても家の管理が続くケースもある

一方、「現に占有している者」がいなかった場合は、空き家を管理する義務はありません。しかし、そうなると、**空き家はどんどんボロボロになっていきます。その結果、近隣の家にダメージを与えてしまい、苦情が絶えないという事態になる可能性もあります。**

皆さんは「相続放棄したんだから、もう無関係だ」と割り切って、空き家をほったらかしにすることはできますか？

私は、父が施設に入り、無人になった空き家を約8年間維持しましたが、ずっと「近所迷惑じゃないかな」と不安な気持ちばかりでした。草むしり、家の換気、近所への挨拶と、やることはたくさんあります。「現に占有している者」でなくても、家の管理はやらざるを得ないのではないでしょうか？

そして、**一度相続放棄をすると、取りやめることはできません。空き家を相続放棄するということは、こうしたリスクを伴う可能性がある**のです。

このリスクを回避したいのであれば、多少の面倒や支出は覚悟して、空き家の価値を確かめて、二束三文でも売ってしまうというのも、1つの手だといえるのです。

相続財産清算人の選任から国庫帰属までの流れ

相続財産清算人はどのように選ばれ、そして彼らは何をするのでしょうか。

❶家庭裁判所が相続財産清算人を選任する

家庭裁判所にて申し立てを行い、相続財産清算人を選任してもらう。約2か月で相続財産清算人選任の審判が行われる。

→

❷家庭裁判所による選任・相続人の捜索の公告をする

相続財産清算人が選任されると、選任されたことや、相続人がいる場合はその権利を主張するべきという旨などを官報で公告する。

↓

❸相続財産清算人が相続債権者等に対する請求申出の公告をする

相続財産清算人は、この時点で判明していない相続債権者や受遺者に対して、「名乗り出てください」といった旨の公告を行う。

←

❹相続債権者などに弁済をする

請求申出の公告期間が終わると相続債権者・受遺者に弁済を行う。

↓

❺特別縁故者が現れたら財産分与を検討する

特別縁故者とは「内縁の妻」などのこと。彼らが財産分与の申し立てをしてきた場合、その検討に入る。

→

❻残余財産が国庫に帰属される

相続財産清算人は報酬付与の申し立てを行います。相続財産清算人は報酬付与の申し立てを行い、報酬を受け取り、残余予算があれば、相続財産清算人が国庫帰属の手続きを行う。

3-9

親の死後の借金の有無は、3つの機関を利用して確認する

親に生前、借金の有無を聞いている場合でも、親が亡くなった段階で「じつは借金があるんじゃないかなぁ」と、心配に思う人もいるかもしれません。あるいは、借金について、聞かず仕舞いで親が亡くなってしまうケースもあるかもしれません。

その場合は、子どもが親の借金の有無を調べていく必要があります。繰り返しますが、相続放棄できるのは、親の死後、原則3か月以内ですから、スピード勝負だと覚悟する必要があります。

まずチェックしたいのは、郵便物です。督促状や請求書などはないのか、しっかり見て回ります。金融機関の預貯金の状況確認も行ってください。私は、母が末期がんになったとき、両親の金融機関の通帳を見ましたが、想像以上の額が入っていました。預貯金の残高が多ければ、借金はないという1つの目安になります。

一方、残高が少なければ、借金をしていることも考えられます。通帳の「支払」項目を見て、特定の会社に定期的に多額の支払いがあるかなど、借金の痕跡を探っていきます。

住宅ローンの返済の有無を確認する

親の家の住宅ローンの返済が残っているかどうかもチェックします。住宅ローンを組んでいた場合、

保証会社の抵当権が設定され、その旨が登記簿に記載されるので、それをチェックします。オンラインで交付請求できます。住宅ローンの返済が残っている場合は「団体信用生命保険（団信）」に加入しているか否かがポイントになります。団信のコールセンターで加入の有無を確認できます。

団信に加入していれば、契約者が亡くなると、保険会社が住宅ローンの残高を払うため、借金は帳消しになります。未加入の場合は、住宅ローンの残高を確認しましょう。借入金融機関から郵送される「返済予定表」に載っています。

信用情報機関で借金状況を確認できる

信用情報機関名	保有する情報
CIC	クレジットカード会社、消費者金融、信販会社、保証会社、リース会社、保険会社、携帯電話会社など
JICC	クレジットカード会社、消費者金融、信販会社、保証会社、リース会社、銀行など
KSC	日本学生支援機構、銀行（住宅ローン・カードローン）、信託銀行、信用金庫、農業協同組合、信用組合など

また、**信用情報機関を利用することで、さまざまな借金の状況を確認できます。**全部で3機関あります。全国の金融機関が加盟する「全国銀行個人信用情報センター（ＫＳＣ）」で手続きをすると、各金融機関の支払い状況を確認できます。

また、主にクレジットカード会社の利用履歴がわかる「ＣＩＣ」、主に消費者金融の利用履歴がわかる「ＪＩＣＣ」も利用価値が高いといえます。被相続人との相続関係がわかる書類を提出すれば、それぞれ1000～2000円程度で利用できます。

3-10

相続人に及ぶ迷惑を回避するのならば、債務整理も1つの方法です

ここまで触れたように、親の借金が多額で、もはや手に負えない状況になったら、親の死後、相続放棄をするのが選択肢になりますが、95ページで紹介した友人は、その後の人間関係で悩みました。**「相続放棄することで、多くの人に迷惑をかけ、親戚と疎遠になった」と言うのです。**確かに、第一順位の子どもが相続放棄すれば、親の兄弟姉妹にも、相続放棄の手続きを強いることになります。気苦労も多く与えてしまいます。良好な関係を維持することは難しくなる可能性は否定できません。

では、どうしたら、相続人の迷惑を回避することができるのでしょうか。**1つの選択肢となるのが、債務整理**です。

債務整理とは、借金を減らしたり、支払いに猶予を持たせたりすることで、基本的には、弁護士に依頼して行うことになります。

債務整理＝自己破産ではない

債務整理と聞くと「自己破産のことでしょ？」と、思いがちですが、そうではありません。債務整理は、「自己破産」だけではなく「任意整理」「個人再生」の3種類があります。特に、利用者が多いのが「任意整理」です。

任意整理は、弁護士などが裁判所を介さずに債権

債務整理の3つの種類

親に借金がある場合、その親が健在な段階で、債務整理をするのも、1つの選択肢になります。そうすれば、相続人には迷惑はかからなくなります。

任意整理

弁護士が債権者と交渉し、返済額の減額をして、3〜5年かけ完済する方法

個人再生

裁判所に申し立て、借金額を大幅に減らすことで、完済する方法

自己破産

裁判所に申し立て、借金をすべてゼロにする方法

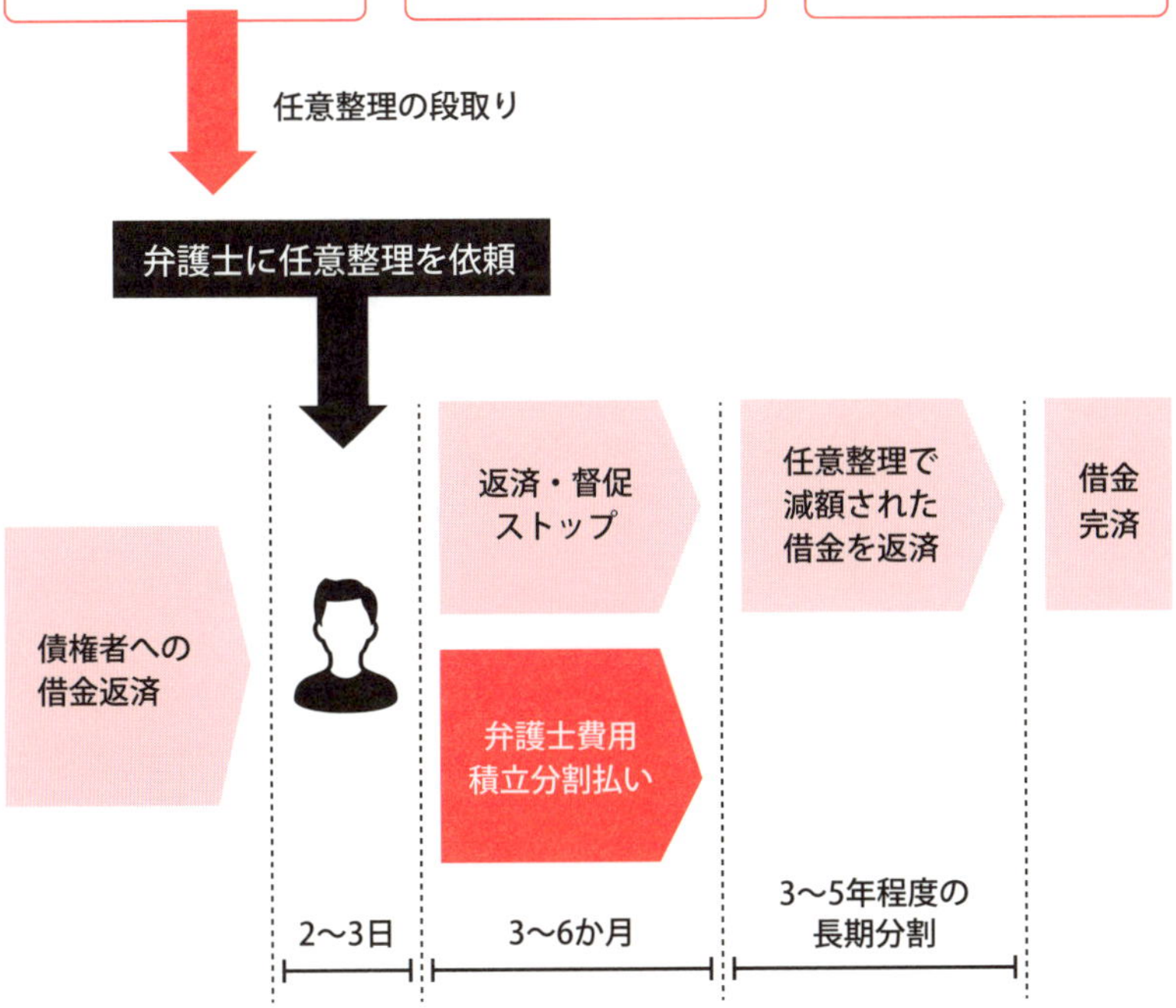

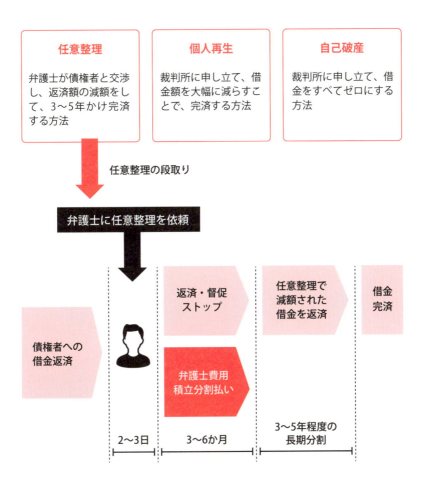

者と話し合い、債務者が返済可能な範囲で和解し、その通りに借金を返済していく方法です。債権者に利息のカットや長期分割払いの交渉を行っていくのです。

弁護士には、借入先1社につき10万円程度の報酬を支払う必要があります。多くの場合、3〜5年程度の期間で、返済をしていきます。任意整理は、周囲には知られませんし、財産を手元に残すこともできます。

任意整理で精神的な不安から解放される

私の元同僚は、お金にズボラだったため、借金が膨らみましたが、任意整理で、何とか人生を立て直したことがありました。督促状や催促の電話がなくなったことで、精神的な不安から解放されたと、話していました。

なお、**債務整理は、本人の意思が必要です。本人の「何とか人生を立て直したい」という強い気持ちがあった上で、弁護士に依頼することが大切**です。

なお、債務整理をすることでデメリットも生じます。「クレジットカードの使用や新規作成ができない」「賃貸住宅の契約に影響を及ぼす可能性がある」「保証人になれない」「ローンが組めない」などです。

GMOリサーチの調査（2022年）によると、任意整理経験者100人に「任意整理してよかった？」という質問に対し、93人が「はい」と答えています。一方、任意整理して困ったことの一位は「クレジットカードが使えない」（48％）となっています。

これらを親に伝えた上で、それでも借金返済の意思があるのであれば、家族で協力し合って任意整理で借金を返済していきましょう。

個人再生と自己破産の違い

任意整理が難しい場合は、個人再生と自己破産が選択肢になってきます。両者の違いを見ていきましょう。

	個人再生	自己破産
借金額	5,000万円まで	上限なし
手続き後の残債務	あり	なし
定期的な収入	必要	不要
一定額の財産	残せる	残せない
ローン付き住宅	残せる	残せない

多重債務の場合は、自己破産も選択肢に

ただし、注意点もあります。債務者の年齢が高く、借金が多すぎる場合は、返済しきれない可能性が高いという点です。「多重債務に陥っている」「収入が不安定・収入がない」「個人からの借金」といったケースでは、「自己破産」、もしくは「相続放棄」を視野に入れるべきかもしれません。

個人再生については「返済能力がある」――つまり定期的な収入があることが条件になります。「家が残せる」などのメリットがあるのですが、高齢者には不向きかもしれません。

とはいえ、債務整理は、専門家への謝礼や裁判所に提出する書類などが、相続放棄よりも多いなど、ハードルが高いのも事実です。親と話し合って、方向性を決めるのが大切と言えます。

3-11 親が家を保持していれば、子どもが親の借金を肩代わりするのも1つの手

親が元気な段階で、借金があることを聞き出し、その額が、ライフスタイルを見直せば返済が可能な額である場合は、家族でまずは話し合って、その借金をどのように減らしていけばいいのか、計画を立てていくとよいでしょう。

借金は親の問題だけではないと伝える

その際は、**きちんと「このままだと、相続放棄といった迷惑をこうむる可能性がある」**ということを**伝えること。親自身の問題ではないことを、きっちりと話す**のです。その結果、生活を改める気持ちが見て取れるのであれば、修復は十分可能です。

まずすべきは、固定費の見直しです。固定費は、おもに「住居費」「水道光熱費」「通信費」「保険料」「サブスク」「車両維持費」となります。

親世代は、すすめられるままに契約し、そのままほったらかしの状態のものも多くあります。私の母が死去したあと、さまざまなサービスを解約したのですが、そのなかには、見た形跡のないスカパーの契約が20年近く続いていたことが判明するなど、不要なものが多くありました。

洋服代や食事代などの変動費は、年金も含めて、本人の預貯金の管理を配偶者や子どもがすることで抑えられます。また、クレジットカードや金融カー

ドを処分してしまうのもよいでしょう。浪費癖のある親は、得てして収入に見合わない額を使ってしまっているものです。

このように固定費や変動費を見直して、支出を抑えて、それを借金返済に向けていきましょう。

こうして、親の借金が減る傾向が見られたら、もし、子どもの経済状況が良いのであれば、借金の肩代わりをして、借入先を無くしてしまうのも、1つの選択肢になります。

この場合は、当然親は、子どもに返済義務があります。年金額などから、毎月返済をしてもらうのです。家などの資産がある場合は、相続時に、譲り受けることで、万事解決となるかもしれません。

私の知人は、まさにそうなりました。しかし、**相続時は弟と揉めたそうです。弟は兄の借金の肩代わりを知らなかったからです。そうならないためにも、家族間で情報を共有しておきましょう。**さらに、家族間での無用な争いごとを避けるためにも、借金を抱える親に「家は○○に譲る」などと記した遺言書を作ってもらうことが大切になります。

親の借金を肩代わりする際の注意点

子どもの経済状況が良い場合は、親の借金を肩代わりすることも選択肢になるかもしれません。その場合の注意点を紹介します。

❶借金の額
基本的に、相続遺産から「借金を返済してもらう」ことが前提になります。あまりに多額の場合は、子どもの生活にも支障をきたす可能性があります。

❷持ち家か？
親の家がローン返済を終えている場合、相続時に、家を相続することで、肩代わりした額を取り戻せる可能性が高いといえます。

❸兄弟姉妹で共有する
子どもの1人が借金の肩代わりをする場合は、ほかの兄弟姉妹に、そのことを知らせ、相続時にその分を取り戻す了解を得ます。

❹親に遺言書を書いてもらう
遺言書に「長男に家は譲る」など、借金の肩代わりをしてもらった子どもに、相続時、譲る財産を書いてもらいます。

第4章

相続時に露見する危険な「兄弟姉妹・親族リスク」

～身近な存在だからこそ、トラブルも多い

4-1

相続時、隠していた正体を現す兄弟姉妹。遺言書は必須です

司法統計年報（2023年度）によると、家庭裁判所に持ち込まれた遺産トラブルの財産割合は、1000万円以下が33・8%、5000万円以下が43・8%となっています。**いわゆる〝争族〟は、金持ち家族のなかで繰り広げられるものと思いがちですが、そんなことはない**のです。一般的な家族の間でこそ起こっているのです。

兄弟姉妹の遺産トラブルは普通のこと

じつは、私の妻の身にも降りかかっています。

2022年に義父が亡くなると、ある事実が発覚します。義父の預貯金が100万円にも満たなかったのです。葬儀後、義母は老人施設に入ることになります。その結果、預貯金はほぼゼロとなりました。

その後、突然、妻のたった1人の姉が、「将来的に、親の家に住むから」と、宣言したのです。つまり、家を相続するというわけです。

親の財産を相続する際は、遺言書があれば、その指示に従うことになりますが、遺言書がない場合は「法定相続分による相続」か「遺産分割協議による相続」のいずれかを選択することになります。義父も義母も遺言書は書いていませんでした。

法定相続分（130ページ参照）は、子ども2人の場合で、2分の1ずつということになります。つ

遺産トラブルの財産割合

家庭裁判所に持ち込まれた遺産トラブルの財産割合は、5,000万円以下が、全体の8割に達しています。普通の家族間で発生するトラブルであることがわかります。

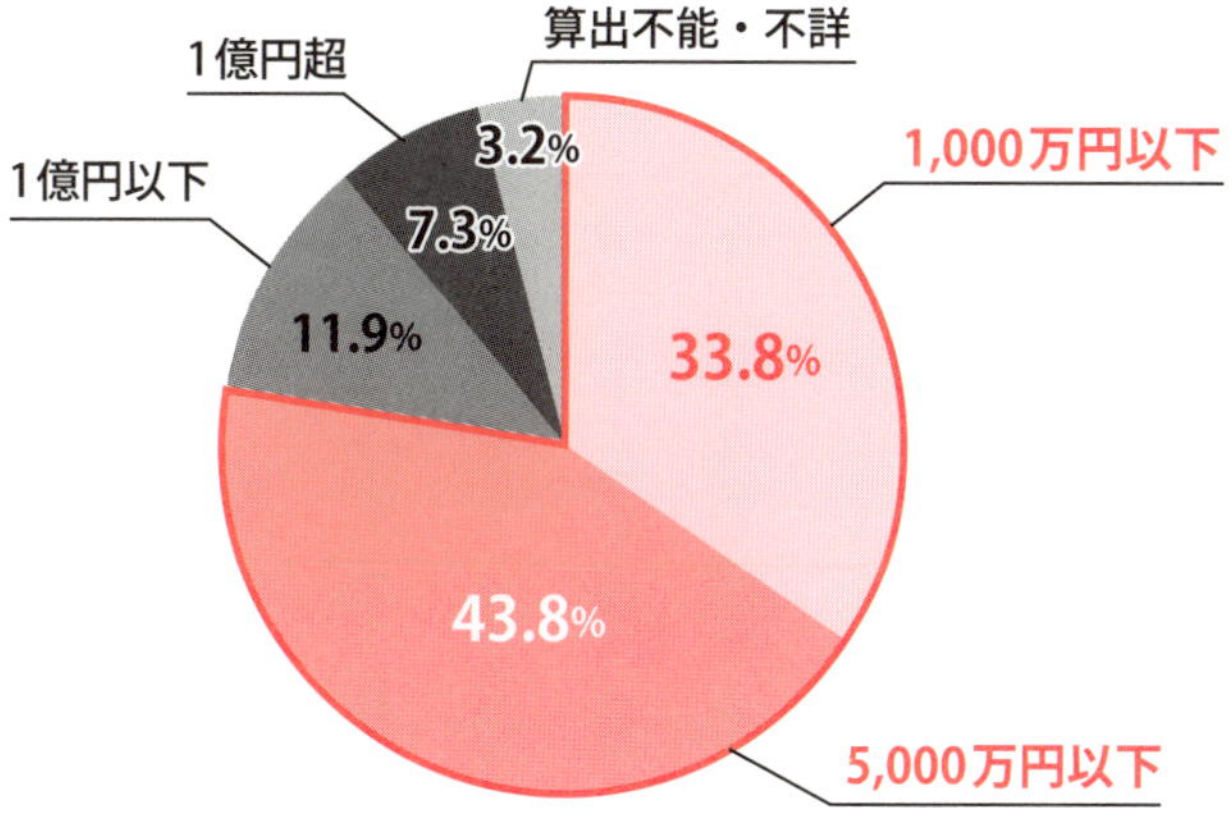

出典：最高裁判所「令和5年 司法統計年報」

まり、義母が亡くなった時点で、義姉は、何らかの形で、妻に2分の1の財産を渡す必要があるのです。義母には、蓄えはないのですから。

妻は「2分の1はいらない。でも、気持ちぐらいは……」と言っています。ということは、「遺産分割協議による相続」が現実的ですが、姉側からは何も言い出してこない状況が続いています。「家は分割できないんだから、仕方ないじゃない」というスタンスなのでしょう。

義姉は、持ち家があります。それを売って、実家に住む予定とのことですから、その売った利益のいくらかを渡す気持ちがあってもいいと思うのですが、そうした意思を示すことはありません。

2人の関係性は希薄のため、このまま「義姉＝家を相続」「妻＝何もなし」となるのかもしれません。

妻が承諾せず、遺産分割協議が不成立となれば、2

人の関係性は破綻してしまう可能性もあります。

こうしたトラブルが、日本中で起こっている

じつは、妻の姉のような**「一方的に話を進める」というのが、相続争いが起こる大きな要因となっています。**妻のケースでは「不動産のみで分けにくい」という事情もあります。これも相続争いが起こる要因となっています。

法定相続人と法定相続分

被相続人の財産を相続するにあたり、各相続人の取り分として法律上定められた割合を、法定相続分といいます。

配偶者と子1人	配偶者	$\frac{1}{2}$
	子	$\frac{1}{2}$
配偶者と子2人	配偶者	$\frac{1}{2}$
	子	$\frac{1}{4}$ずつ
子1人		1
子2人		$\frac{1}{2}$ずつ
子3人		$\frac{1}{3}$ずつ

そのほか「それぞれの主張が対立」というケースもあります。私の知人は、両親が亡くなった段階で、実家の処分をしようと考えていましたが、弟が「いや売りたくない」と言い出したそうです。車についても、すぐにでも売却したかったところ、「持っていれば、いろいろ使い道がある」と主張しているとのことです。

こうした主張の対立は、どちらかが譲歩しない以上、先には進みません。

また、兄弟姉妹が、そもそも相続のルールを知らない可能性もあります。じつは私も、母が亡くなったとき「父は2分の1、2人姉弟で4分の1ずつ」ということは、あまり理解していませんでした。というのも、その時点まで、相続を経験したことがなかったからです。

相続争いが起こる理由

❶一方的に話を進める

相続人の１人が、ほかの相続人と話し合うことなく相続の方針を決めて、勝手に話を進めるケース。自分に都合のいい内容であることが多く、相続人同士で揉めることになります。

❷不動産のみで分けにくい

預貯金であれば、相続上のルールに従って分けることができますが、不動産は分配するのが難しいといえます。相続財産が不動産のみの場合は、相続人同士で揉める可能性が高くなります。

❸それぞれの主張が対立

兄弟姉妹の仲が良好でも、相続の考え方には違いがあることも多くあります。そして、そのことは相続時になって初めて露見することもあり、お互いの妥協点が見出せないことも起こり得ます。

❹相続のルールを知らない

相続人が全員、法定相続分などを理解しているとは限りません。遺産分割協議書という言葉を知らない人も少なくないでしょう。その結果、勝手な主張をするようになります。

❺兄弟姉妹の仲が悪い

子どもの頃は仲が良かったのに、大人になるにつれ価値観などが異なり、あるいは配偶者の存在などにより、徐々に兄弟姉妹の仲が悪くなるケースもあります。

また、民法上のルールに従わず、相続人同士の話し合いで決める場合は、遺産分割協議書が必要ですが、そのことを理解している人も少ないのです。

そして、相続トラブルが起こる根本的な理由として「兄弟姉妹はそれほど仲が良くない」という点も挙げられます。大人になれば、価値観やライフスタイルは変わります。私は相続時、姉と大きく揉めることはありませんでしたが、父親の介護などで、意見が食い違ったことは少なくありませんでした。

相続は、お金が絡む問題のため、兄弟姉妹の仲を悪くしてしまいがちです。

相続争いを避けるには、やはり親が元気なうちに、家族で「相続をどうするのか」の話し合いをしておくことに尽きるといえます。そして、遺言書を作ってもらう。これで余計なトラブルは発生しにくくなります。

4-2

親が子どもに遺す「遺言書」は、遺留分を考慮して作成してもらいましょう

前項を読んで「うちは兄弟姉妹関係はバッチリだから、相続時に揉めることはない。だから遺言書は不要」と言う人もいるでしょう。しかし、お金は人を変えることもあるのです。

第1章で述べた通り、**相続人が認知症や重い病気になれば、遺産分割協議書は作成できず、遺産相続は前に進みません。**兄弟姉妹で揉めないためにも、**認知症などへのリスクヘッジのためにも、親に遺言書を作成してもらったほうが得策**なのです。

ところで、兄弟姉妹の関係性が良くない場合、遺言書を作成するうえで、気を付けるべき点があります。それが**「遺留分」**です。

遺言書があれば、法定相続分に従わず、自由に財産を分配することができます。しかし、ここで問題になるのが「遺留分」なのです。

被相続人の子どもは遺留分がある

遺留分とは、一定範囲の相続人に対して保証されている、最低限の相続財産留保分のことです。一定範囲の相続人とは、「配偶者」「子ども（子どもが死去していたら孫）」「両親（両親が死去していたら祖父母）」となります。**「被相続人の兄弟姉妹」には遺留分はありません。**つまり、被相続人の子どもであれば、遺留分は認められるのです。**遺言よりも、遺**

留分は優先されます。

ちなみに、家庭裁判所で相続放棄の手続きをした人、著しい非行などで相続人として廃除された人などは、遺留分は認められません。

遺留分の割合は「法定相続分の2分の1」（相続人が直系尊属のみの場合は法定相続分の3分の1）となります。相続人が子ども2人の場合、法定相続分（それぞれ2分の1）の2分の1——つまり、1人4分の1になります。

遺留分の割合

相続人	遺留分
配偶者のみ	1/2
配偶者と子	配偶者 1/4 ／子 1/4
子のみ	1/2
配偶者と直系尊属	配偶者 1/3 ／直系尊属 1/6
直系尊属のみ	1/3
配偶者と兄弟姉妹	配偶者 1/2 ／兄弟姉妹 なし

兄弟姉妹関係が良く、家族で話し合っているのであれば、遺留分を考慮しない遺言書でも問題はありませんが、関係が悪い場合は、たとえ話し合っていたとしても、相続人は、遺留分を主張してきます。

例えば、被相続人（親）が遺言書に「家は長男に相続させる」と書いたとしても、長女が「その家の評価額の4分の1をお金でください」と、裁判所に遺留分の取り戻し請求ができるのです（144ページ参照）。このような事態になってしまうと、兄弟姉妹は反目し合うことになるかもしれません。

そうならないためにも、遺留分の支払いに必要な金額を計算して、その資金を用意し、遺留分に見合う財産の相続を、しっかり遺言書にしたためておくように親に伝えることが大切なのです。

4-3 遺産相続に「不動産」がある場合は、4つの方法で分割しましょう

民法上のルールに従って、遺産相続を行う場合、厄介な存在となるのが「不動産」です。均等に分けることが難しいからです。

不動産が遺産に含まれている場合、その分割の仕方は、主に「現物分割」「換価分割」「代償分割」「共有分割」があります。

将来的に、家の売却を考えていて、法定相続分できれいに分けたいと思っている場合は、「換価分割」がベストです。私も、この方法を選びました。姉と話し合って「まずは預貯金を半分ずつに分ける。家の相続人は自分がなり、家を売却した段階で、その利益の半分を姉に渡す」と決めました。

なお、換価分割は、なかなか気づけない盲点もあります。まず「不動産を売る人は、相当な手間ひまがかかる」という点です。また、売却時に「譲渡所得税」も課税されます。さらに所得が増したことで、住民税や社会保険料もアップします。こうした点を理解し、その負担についても、半分ずつになるように話し合っておくことが大切です。

相続人の1人が、親の家に住む場合で、民法上のルールに従うのであれば「代償分割」がベストです。不動産の評価額を出して、その金額を、ほかの相続人に支払う形になります。この場合、被相続人の預貯金だけではカバーしきれず、不動産を相続した人

遺産の分割方法は主に4つある

相続遺産に「不動産」があった場合、どんな方法で、遺産配分を行えばいいのでしょうか。ここで主な分割方法を紹介します。

❶現物分割
不動産は長男、預貯金は長女など、財産ごとに誰が相続するかを決める方法です。

❷換価分割
不動産を売ってから、相続人同士で分ける方法。他の預貯金なども同様に分けます。

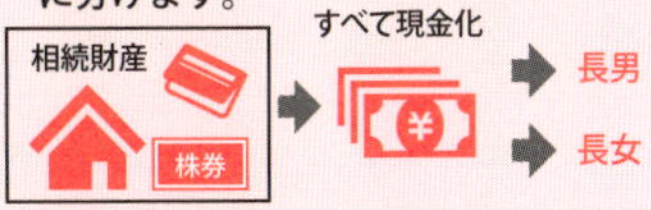

❸代償分割
相続人の1人が不動産を相続し、不公平が出た場合、他の相続人に現金を支払う方法です。

❹共有分割
複数の相続人が、不動産の所有権を遺産分割割合に応じた持分により共有する方法です。

が、自分の預貯金から支払うこともあります。

ルールではなく、話し合いの場合は？

また、民法上のルールではなく、相続人同士の話し合いによって、相続分を決める場合は、「現物分割」という方法もあります。不動産は長男、預貯金は長女といった具合に、財産ごとに誰が相続するかを決める方法です。多少の不公平感は出るため、相続人全員が納得していないと、トラブルとなる危険性もあります。この分割方法では、132ページで触れた「遺留分」の考慮も忘れないことです。

なお、4つめの「共有分割」は、「不動産を売る場合は、全員の合意が必要になる」「共有権者が死去すると、その権利が相続され、ねずみ算式に共有者が増えていく」などデメリットが多く、選ぶべきではありません。詳しくは次項で紹介します。

4-4 親の家を「とりあえず共有しよう」は、とっても危険な選択です

相続財産に不動産がある場合で、複数の相続人がいる場合は「現物分割」「換価分割」「代償分割」「共有分割」のうち、いずれかの方法で分割することになりますが、**話し合いがまとまらない場合、「まぁ、とりあえず共有にしておこう」と、共有分割を選ぶケースは、じつは少なくありません。**

一見、良い分割方法に見える「共有分割」

例えば、死亡した親の家を、姉と弟で相続した場合には、姉と弟の共有名義で相続登記を行います。登記事項証明書には、姉と弟の名前が載ります。一見すると、とても理にかなった分割方法に見えます。

しかし、２人が仲違いしたり、意見の相違が生まれると、共有持分は途端に厄介な存在になります。

例えば、弟が「家を売りたい」と言っても、姉が反対すれば、売ることは難しくなります。不動産の売却時は、不動産売買契約書に共有名義全員分の署名・捺印が必要になるため、１人でも反対すれば、事実上、不可能なのです。

そして、不動産の売却に反対された場合でも、固定資産税や維持管理費などの費用負担の義務は続きます。共有者全員がそれぞれの持分割合に応じて負担する必要があります。

なお、共有持分に特化した不動産専門買取業者に

持分だけ買い取ってもらう方法はあります。しかし、売ったところで、その価格は相場よりも、かなり低くなりますし、他人が共有者となるため、残った共有者にとってみれば、不安しかありません。

家を貸し出そうとしても、共有者の過半数（全員のケースも）から合意を得る必要があるため、実現させることはできません。家のリフォームも、反対意見があれば、実施することはできません。

その一方で、不動産を使用することについては、持分のボリュームにかかわらず、自由に行えると、民法は定めています。極論ですが、365日居座ったとしても、ほかの共有者は「出ていけ！」とは言えないのです。

また、共有者の1人が死亡した場合、共有持分の相続が起こります。その際、また共有で相続するとなると、名義人がどんどん細分化されていきます。

このように「共有持分」は、デメリットが多いといえます。「兄弟姉妹の仲がいいから」といっても、意見の相違は、また違う次元のものです。ほかの分割方法を選ぶべきだといえるのです。

「共有分割」のデメリット

❶家を売却しにくくなる

共有持分の１人が「家を売りたい」と思っても、ほかの共有持分の１人が異を唱えれば、家を売ることは難しくなります。

❷固定資産税などの費用負担の義務が続く

共有持分の１人が「家を売りたい」と思っても、反対された場合、税金などは払い続けなければなりません。

❸自分の持分を売却しても、安くなる

共有持分に特化した不動産専門買取業者に買い取ってもらうことも可能ですが、その価格は相場より安くなりがちです。

❹名義人がどんどん増える

共有者の１人が死亡した場合、共有持分の相続が起こります。その際、また共有で相続するとなると、名義人がどんどん細分化されます。

4-5

寄与分や特別受益を無視すれば、兄弟姉妹の関係性は悪化します

普段、仲の良い兄弟姉妹でも、相続時に「分け前が等分なのは、おかしいのでは？」などと、思ってしまうことも起こり得ます。

民法は「寄与分」という制度を設けています。「亡くなった人の世話を多くした」といった理由で、被相続人の財産の維持や増加に特別な貢献をした相続人は、遺産分割で法定相続分を超える財産を相続できるという仕組みです。

母の死後、私は父の成年後見人となり、認知症の父を長くサポートしました。

そのため私は、「かなり大変だったから、ちょっとくらい寄与分を考慮してほしい」と、姉に対し思うようになっていました。しかし、父が亡くなり、姉の家族と食事をしたとき、思いが変わりました。

姉は空き家となった実家の整理整頓をしていたこと、父の病院通いを主導したことなどが、思い出話として語られ、自分だけが多くサポートしていたわけじゃないと、猛省したのでした。もし「俺の分を多くしてくれ」と、言ってしまっていたら、姉弟関係は悪くなってしまっていただろうと思います。

寄与分を考慮すべきケース

一方で、寄与分を考慮すべきケースもあるはずです。相続時には、寄与分も視野に入れながら、残さ

れた家族でしっかりと話し合うことが大切です。

その際は「**特別受益**」についても考慮しましょう。

特別受益とは、相続人のなかに、生前贈与などによって、被相続人から特別の利益を受けた人がいる場合に、その相続人の受けた贈与等の利益のことをいいます。民法では、この贈与の額は、相続時に、残されていた相続財産の額と合算したうえで、各相続人の相続分を決めなければならないと定められています。

こうした特別受益については、兄弟姉妹間では、情報の共有をしていないことも多いものです。例えば、家の購入時に親から補助を受けても、それを兄弟姉妹に知らせるケースは、意外と少ないと思います。しかし何も言わず、相続後に、そのことが明らかになれば、その関係性はギクシャクしてしまいます。

相続時には、寄与分や特別受益なども考慮しながら、分配の割合を決めていけば、お互いが納得でき、関係は一層良くなるのではないでしょうか。

寄与分と特別受益

兄弟姉妹の仲が良いと、民法上のルールに則って、遺産分割をすればよいと思いがちですが、親しき仲にも礼儀ありの気持ちで、寄与分や特別受益の面を考慮しながら、分配の配分を決めることが大事です。

寄与分	被相続人の生前に、その財産の維持・増加に貢献した相続人に対し、法定相続分の枠に捉われず、他の相続人よりも多く遺産を相続する方法。
特別受益	被相続人が生前に、ある相続人に対して利益を与えていた場合、その利益分は相続分の前渡しと考えて、他の相続人よりも分割される遺産を少なくする方法。

4-6

相続放棄は、余計なトラブルを回避するための1つの手段になります

第3章で、親に多額の借金がある場合は、相続放棄も選択肢となることを紹介しました。じつは、私の亡き母は、母の父親が死去した際、相続放棄をしています。その理由は、父親の借金ではありません。「遺産分割協議に関わりたくないから」でした。

将来の揉め事を未然に回避する手法

相続放棄は、本人の意思があれば、どんな理由でも選択することができます。113ページで触れましたが、相続放棄申述書には、放棄の理由を選ぶ欄に1から6まで設けられています。このなかの「6」は「その他」となっており、その理由を記入するようになっています。ここに「遺産分割協議に関わりたくないから」などと、理由を書けばいいのです。

母の父親は都内に不動産を所有していましたが、預貯金は少なく、遺産相続は「不動産をどうするのか」に絞られていました。母の兄弟姉妹は5人（男2人、女3人）いたのですが、良好な関係ではなく、遺産相続でトラブルになる可能性がありました。不動産は共同持ち分にする意向もあったそうですが、そうなると、将来的に揉め事に発展する可能性は高まります。

そこで、姉妹で話し合って「結婚し安定しているのだから、関わらないようにしよう」と、相続放棄

を決めたのです。

親が遺言書を残さずに亡くなった場合、たとえ「私は財産はいらない」と言ったところで、兄弟姉妹同士で話し合いの場は出てきます。遺産分割協議書を作成するときなど、相続手続きに関与する必要もあります。**しかし、相続放棄をすれば、こうした相続手続きに一切関わる必要がないのです。そうすれば、余計な軋轢は生まれない、というわけです。**

実際、母らが相続放棄したことで、父親の不動産は、トラブルなく相続できたそうです。母は、亡くなるまで、兄弟姉妹とうまく関係性を保っていました。

また、兄弟姉妹と疎遠の場合も、相続放棄は有効です。彼らの住所などがわからないと、遺産分割協議書は作成することができません。そして金融機関は、相続人が1人でも欠けている場合は、相続手続きには一切応じません。

兄弟姉妹のなかには「それでも遺産はほしい」という人もいるかもしれませんが、一方で、「いらない」という人もいます。その場合は、**相続放棄をして、一切関わらない選択をしたほうが精神的に楽だといえます。**

相続放棄の理由の書き方

相続放棄申述書（112〜113ページ参照）には、相続放棄の理由を書く箇所があります。1〜5に該当しない場合は、6をチェックし、その理由を簡単に書きます。

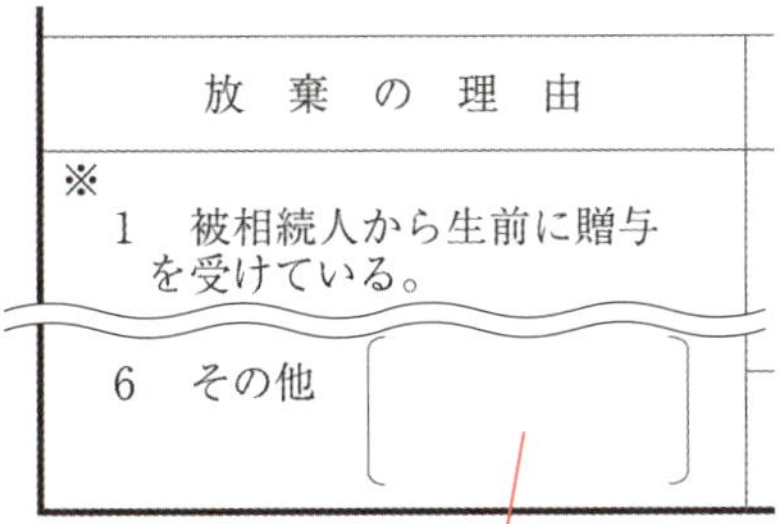

兄弟姉妹間の余計なトラブルに巻き込まれたくないために、相続放棄する場合は、ここに「遺産分割協議に関わりたくないから」と書けばOKです。

4-7

あなたに子どもがいない場合、相続人に「兄弟姉妹」が現れます

相続時の遺産分割は、配偶者は常に相続人であるのに対し、血族には優先順位があり、優先順位の高い人が相続人になるというルールがあります。第一順位は「子ども（直系卑属）」、第二順位は「親（直系尊属）」、第三順位は「兄弟姉妹」です。

私と妻の間には、子どもはいません。どちらかが亡くなったとき、親が亡くなっていれば、第三順位の「兄弟姉妹」が相続人になります。第三順位の「兄弟姉妹」が亡くなっていれば、彼らの子どもが相続人となります。

配偶者と兄弟姉妹が相続人の場合の法定相続分は、「配偶者：4分の3」「兄弟姉妹：4分の1」となります。例えば、3000万円の遺産があった場合、配偶者は2250万円、兄弟姉妹は750万円を受け取ることになります。

子どもがいない夫婦は遺言書は必須

私の妻には、姉が1人いますが、交流はない状態です。それなのに、妻が亡くなれば、姉が相続人として登場し、財産を受け取ることになるのです。

さらにいえば、そのとき、妻の姉が他界していたとします。その場合、姉の子どもが、相続人になるのです。預貯金を遺産相続するには、遺産分割協議書を作成する必要がありますが、その子どもの居場

兄弟姉妹は第三順位にあたる

相続時の遺産分割の対象となるのは、配偶者と血族です。兄弟姉妹は第三順位にあたり、遺言書があれば、相続権は発生しません。

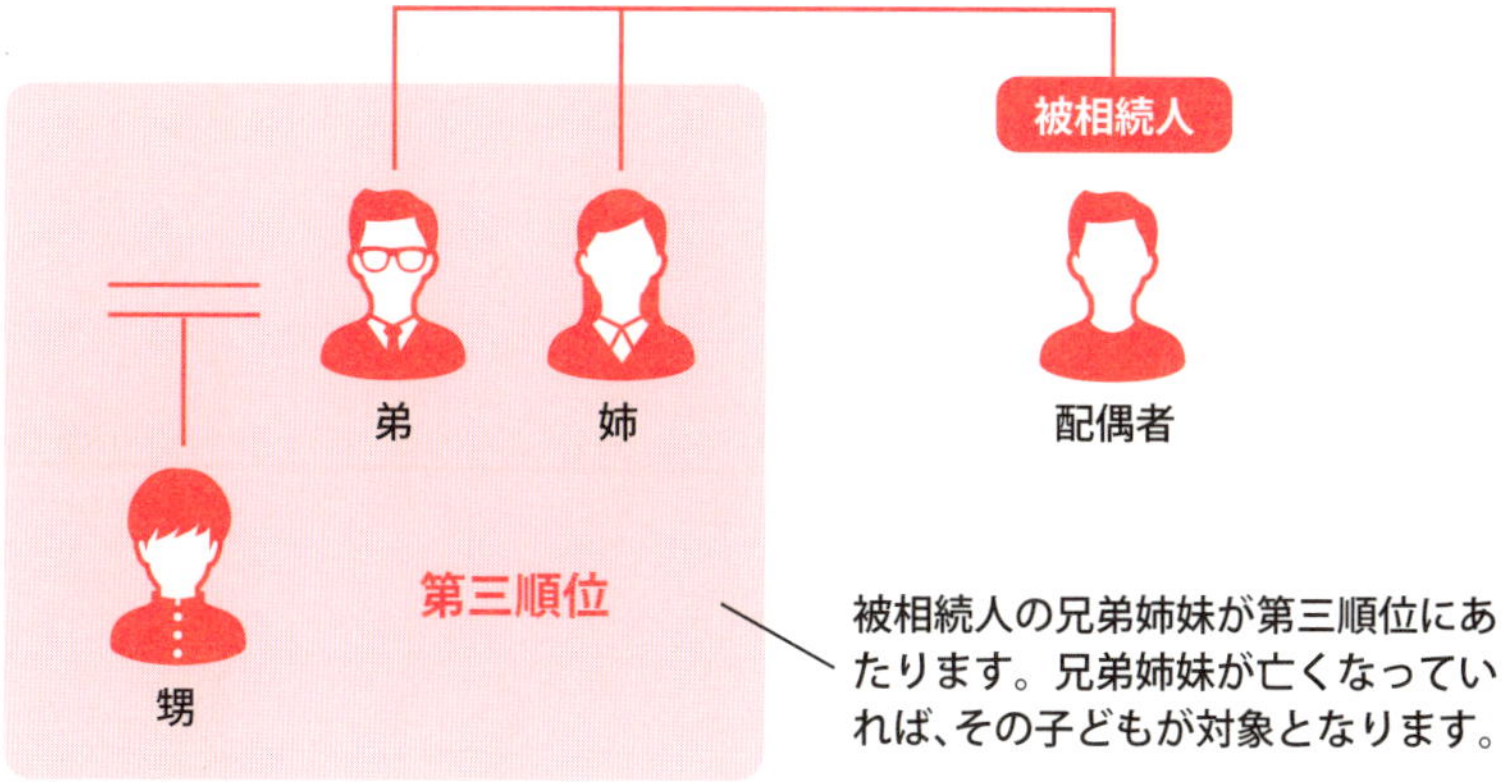
被相続人
配偶者
弟
姉
甥
第三順位
被相続人の兄弟姉妹が第三順位にあたります。兄弟姉妹が亡くなっていれば、その子どもが対象となります。

所がわからなければ、遺産相続は宙に浮くのです。

このように、**子どもがいない夫婦の相続で、兄弟姉妹の仲が良好ではない場合は、夫婦が健在なうちに「遺言書」を作っておくことが鉄則になります。**

遺言書を作っておけば、第三順位の相続人には、相続権はなくなります。132ページで触れたように被相続人の兄弟姉妹には遺留分はないため、兄弟姉妹には、財産が一銭も渡らなくなります。

相続財産に「不動産」が含まれる場合は、遺言書の重要性が高まります。不動産を相続する人は、ほかの相続人に、代償金として、相続分に見合った額の金銭を支払うことになります。遺言書がなければ、不動産を売却するケースもあり得るのです。

私の妻は、自筆証書遺言書保管制度を使って、遺言書を作成しました。「これで、漠然とした不安から解放された」と、話しています。

4-8

あなたに対し、遺言書で「何も譲らない」と書かれていたら、遺留分を請求する

今の時代、**遺言書は必須のツールですが、その一方で、効力が強いがゆえに、自分にとって不利な内容が書かれてしまうと、困った事態になります。**

例えば、親の独断で、遺言書に「自宅、預貯金のすべてを、長男に相続させる」と書かれたら、ほかの兄弟姉妹は、大きな衝撃を受けることになります。

遺言書の効力は絶対とはいえ、しかしそれでは、ほかの兄弟姉妹は、今後の生活に大きな支障をきたす可能性もあります。そこで設けられているのが、１３２ページでも紹介した「遺留分」です。

遺留分の割合は「法定相続分の２分の１」です。

例えば、相続人が兄弟２人で、遺産相続が「預貯金２０００万円」の場合、遺言書で「長男に預貯金のすべてを相続させる」とあっても、遺留分として、１０００万円の２分の１にあたる５００万円を弟は取り戻すことができるのです。

不平等な遺言に対抗するには？

このように不平等な遺言などによって遺留分を侵害された法定相続人は、侵害した人へ遺留分の取り戻しを請求できます。その権利を「遺留分侵害額請求権」といいます。遺留分請求は、相続の開始を知ったときから1年以内に請求しなくてはなりません。

そして、相続の開始から10年で時効になります。

遺留分侵害額請求は1年以内に行う

遺留分には、請求できる期間があります。期間を過ぎると、権利が主張できなくなるので、要注意です。遺留分侵害を知った時点から1年、あるいは相続開始から10年で時効になります。

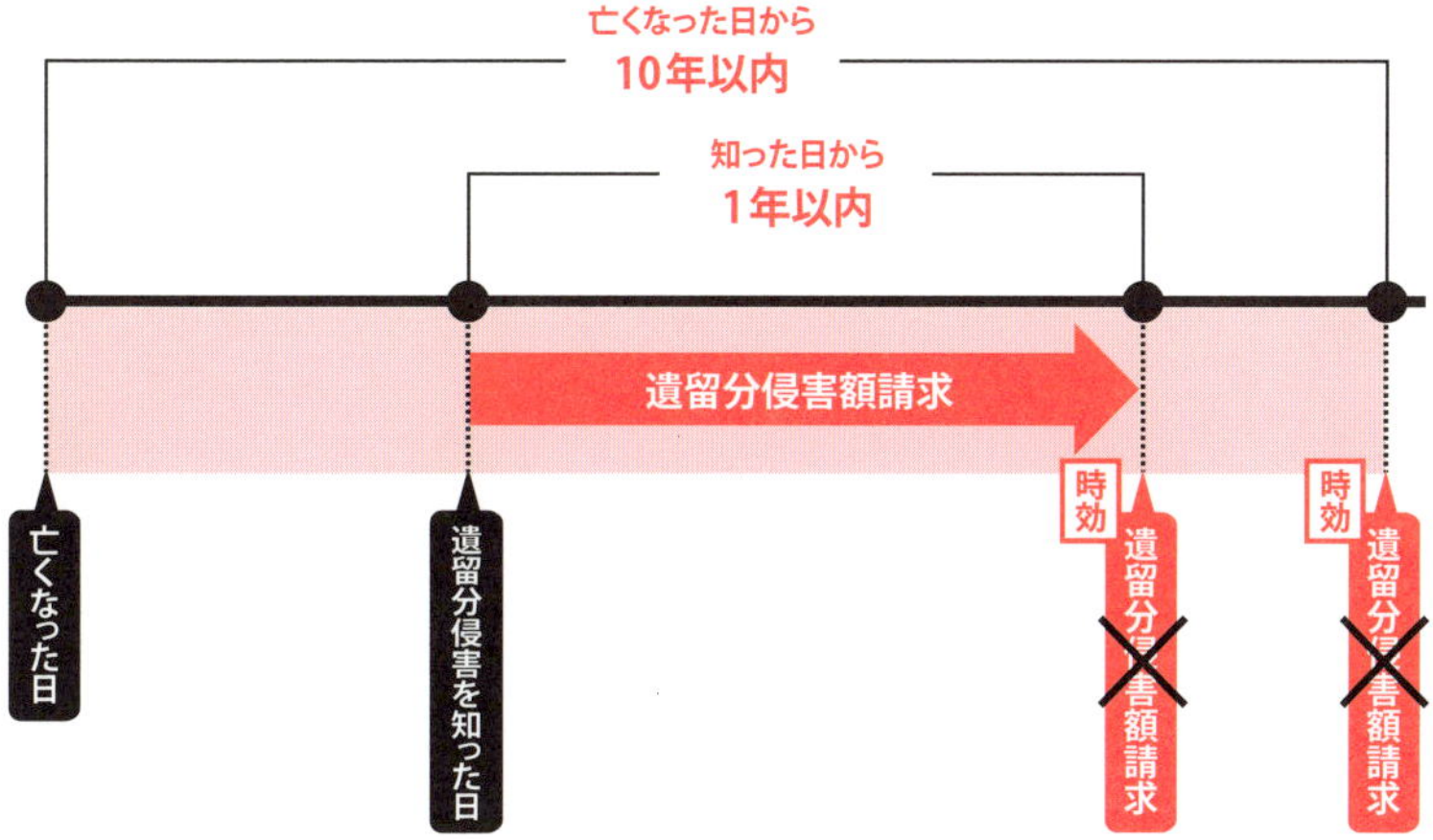

預貯金ではなく「長男に家（評価額2000万円）を相続させる」だった場合も、長男は、弟に500万円を渡す必要があります。

遺留分侵害額請求の進め方は、まずは「遺言書」の内容を確認することです。自筆証書遺言書保管制度を利用した遺言書であれば、法定相続人は法務局で、その内容を確認できます。公正証書遺言は、公証役場で開示閲覧できます。

内容を確認し、遺留分が侵害されていると判断できたら、遺留分侵害額の支払いを請求します。

まずは、メールや手紙などで、相手に「遺留分侵害額を請求します」と伝えます。それでも、未対応の場合は、配達証明付きの内容証明郵便を相手に送りましょう。**内容証明郵便は、法的な強制力はありませんが、相手に与えるプレッシャーは相当なものです。その結果、解決を得ることも多いでしょう。**

4-9

兄弟姉妹に「遺留分がほしい」と訴えても拒否されたら、調停で話し合いを！

配達証明付きの内容証明郵便を送っても相手が遺留分の支払いに応じない場合は、家庭裁判所に、遺留分侵害額の請求調停を申し立てます。

調停とは、簡単にいえば「家庭裁判所で話し合う」ということです。遺留分の争いは、多くが家族間の争いであるため、話し合いによる解決が望ましいとされ、まずは調停の申し立てをするのがルールとなっています。これを「調停前置主義」といいます。

調停の「話し合い」といっても、当人同士で話し合うのではなく、調停委員が、申立人と相手方の言い分を個別に聞き、調整をしていきます。調停委員は「遺留分というのは、法律で認められているんですよ」などと、相手を説得していきます。

調停の申し立ては自分でできる

調停の申し立ては、弁護士に依頼してもいいのですが、自分でもできます。調停の申立先は「相手方の住所地を管轄する家庭裁判所」「当人同士の合意で定める家庭裁判所」のいずれかになります。

申し立てに必要な書類は「申立書」「添付書類」になります。申立書は、裁判所の「遺留分侵害額の請求調停の申立書」のページからダウンロードできます。申立書には「申し立ての趣旨」「申し立ての

遺留分侵害額請求の流れ

遺留分侵害額請求は、まずは相手に「払ってほしい」と伝えることからスタートします。その後、内容証明、調停、そして訴訟というステップを踏みます。

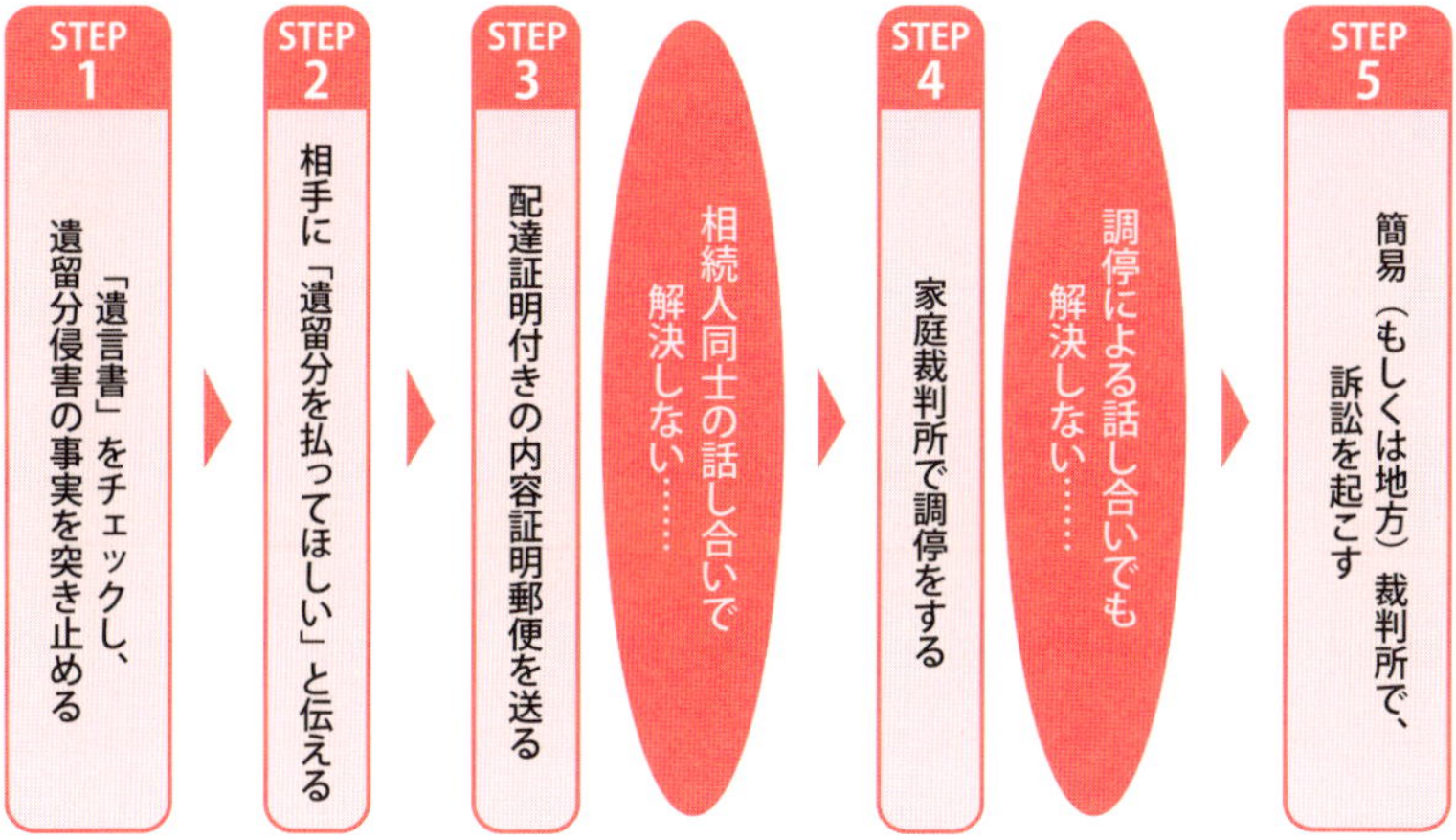

理由」を書く必要があります。

記入例は、裁判所の同ページに「記入例」が掲載されているので、それを参考にしましょう。なお、申立書の写しは、相手方にも送付されるので、あまり威圧的な表現は避けておきましょう。

申立書と添付書類、それと収入印紙や郵便切手をそろえて、申立先の家庭裁判所に提出します。郵送でも、直接持参でもかまいませんが、後者であれば、係員に詳細をチェックしてもらえます。

申し立て後の流れは、上図のとおりです。「調停」というのが、それぞれが出席する日になります。この調停でも、決着がつかない場合は「訴訟」となります。請求する遺留分侵害額が１４０万円以下の場合には「簡易裁判所」に、１４０万円を超える場合には「地方裁判所」に訴訟提起します。

第5章

ほったらかしが招く、親の家の「負動産」化

～事前に手を打っておき、しっかり相続&売却を！

5-1

親の家の「名義人」が親のままだと、子どもが売ることはできないので、要注意！

親の家は、親自身はもちろん、子どもにとっても、さまざまな利用価値があります。例えば、親が高齢や病気になり、介護施設に入る際、子どもが親の家を売却することで、その資金に充てられるようになります。

また、子どもにとっても、親の死後、売却することで、自分たちの生活を支える資金を得ることができます。

しかしながら、こうした行為を実行できない状況に陥るケースがあります。

私の両親が他界し、親の家を売ることに決め、不動産仲介業者に会ったとき、**「相続による所有権移転登記（不動産登記）は終わっていますか？」**と聞かれました。

不動産登記とは、土地・建物の名義人（所有者）や面積、住所などを公示して明確化する制度のこと。法務局が管轄し、登記簿という公の帳簿に公示します。不動産登記事項証明書（登記簿謄本）で、その内容を確認できます。

不動産登記の「権利部」をチェック

不動産登記は、不動産の所在や地積などを公示する「表題部」に関する登記と、不動産の権利関係（所有権に関する事項）を公示する「権利部（甲区）」

不動産登記事項証明書

登記事項証明書は、法務局のホームページからオンラインで請求し、郵送で受け取ることができます。

埼玉県所沢市[redacted]　　　　全部事項証明書　　　　（土地）

表　題　部　（土地の表示）		調製	平成１４年５月２３日	不動産番号	[redacted]
地図番号	余白	筆界特定	余白		
所　在	所沢市[redacted]			余白	

①　地　番	②地　目	③　地　積　㎡	原因及びその日付〔登記の日付〕
８７番５７	宅地	６９　９８	８７番３９から分筆 〔昭和４９年２月６日〕
余白	余白	余白	昭和６３年法務省令第３７号附則第２条第２項の規定により移記 平成１４年５月２３日

権　利　部　（甲区）　（所有権に関する事項）			
順位番号	登　記　の　目　的	受付年月日・受付番号	権　利　者　そ　の　他　の　事　項
1	所有権移転	昭和４９年８月２６日 第２３５１３号	原因　昭和４９年８月２３日売買 所有者　所沢市[redacted] 永　峰　康　雄 順位２番の登記を移記
	余白	余白	昭和６３年法務省令第３７号附則第２条第２項の規定により移記 平成１４年５月２３日

私の親の家の「建物」の登記事項証明書です。「権利部」に、永峰康雄（父親）の名前が書かれています。これは名義人が父ということになります。この状態では、子どもが不動産を売ることは不可能です。

に関する登記があります。この権利部に名義人（所有者）の名前が載っています（前ページ参照）。ここが親の名前のままであれば、名義人は親ということになります。

不動産の名義人（親）が亡くなると、その不動産を相続した人が、所有権移転登記を行って、新たな名義人になる必要があるのです。不動産の所有者は法務局によって管理されているため、相続人は管轄の法務局に相続登記を申請します。相続登記の目的は、名義変更によって相続人の権利を明確にすることです。

この移転登記を行っていないと、家の売却はできません。それゆえ、前述の不動産仲介業者は、私に尋ねたのです。

私たち姉弟は、相続税の申告の際、遺産分割協議書で「不動産は長男（筆者）が相続」と決めました。私はこれで親の家を売ることができると思っていたのです。さらに、親の死後は、私宛てに「固定資産税課税通知」が届いていたため、名義人は私だと思い込んでいた側面もありました。しかし、この状態では、登記上はそのままなのです。不動産の売買などの不動産取引では、取引条件などの重要事項を記した「重要事項説明書」を作成しますが、そこには「永峰康雄から永峰英太郎に相続登記が行えない場合は、売主買主は協議のうえ、本売買契約を解除できるものとする」と書かれていました。

親自身が、家の名義人でない可能性もある

2024年4月1日、改正不動産登記法が施行され、相続登記の申請が義務化されました。相続などにより不動産を取得した場合、取得を知った日から3年以内に相続登記を申請しなくてはならなくなっ

相続登記の義務化のポイント

2024年4月より相続登記が義務化となりました。ここで要点を紹介します。

❶登記の義務化

相続などで不動産を取得したら、取得を知った日から3年以内に相続登記の申請をしなければいけません。

❷氏名・住所変更登記の義務化

登記簿上の所有者が住所等を変更する際は、変更した日から2年以内に、住所等の変更登記の申請をしなくてはいけません。（2026年4月1日より）

❸怠ると罰則の可能性

正当な理由がない限り、義務を違反したら罰則の対象になる可能性があります。

たのです。私のようにほったらかしのままだと、罰則の対象になるので、注意してください。

ところで、24年に義務化されたということは、裏を返せば、それまでは義務ではなかったというわけです。こうした中、起こり得るのが、先祖代々の家の場合、親自身が家の名義人ではないという事態です。親が、自分の親から引き継いだ家の場合、相続登記の移転を行っていない可能性は少なくないのです。

所有権移転登記を完了させていないと、不動産は売ることができず、どんどん劣化し、それでいて維持費や税金は発生し続ける状態になります。親の家を〝負動産〟にしないためにも、親が亡くなったら、すぐに所有権の移転申請をすることはもちろん、自分の親が、家の名義人でない場合は、親が健在のうちに、移転申請をするように頼みましょう。

5-2

家の売却ができるように「登記申請書」を作成しましょう

相続による所有権移転登記は、司法書士に頼むものだと思っている人も多いのですが、相続人自らが行うことも、十分可能です。

実際に私は、誰にも頼らずに行いました。窓口で一度間違いを指摘されましたが、個人的には、相続税の申告よりも簡単でした。この項では、私の実体験をもとに、移転登記のやり方をお伝えします。

なお、**親の家の名義人が、親の父母のままといったケースでは（152ページ参照）、手続きはかなり複雑になるため、司法書士に頼んだほうが無難です。** その際は、相続税の手続きと一緒に行うのがベストです。書類集めなど、共通する事柄が多いからです。私の義父が亡くなった際は、時間が無かったこともあり、2つの手続きを司法書士に依頼しました。費用は14万円でした。

自分で所有権移転登記する場合の進め方

相続人自らが所有権移転登記を行う場合、一番面倒なのは「書類集め」です。取りそろえる書類は、次ページにまとめました。

このうち、以前であれば、「死亡した人の出生から死亡までの戸籍謄本」の入手が一番ハードルが高く、ここで挫折するケースが多くありました。しかし、2024年3月1日から、本籍地以外の市区町

不動産登記のため必要になる主な書類

相続による所有権移転登記で、必要な書類です。一番面倒だった「死亡した人の出生から死亡までの戸籍謄本」は、最寄りの役所での一括請求が可能になったため、簡単になりました。

●登記申請書
課税価格や登録免許税。不動産の内容を記したもの。

●被相続人の戸籍謄本・除籍謄本
相続人のチェックをするため、被相続人の出生から死亡までに在籍した、すべての連続した謄本が必要。

［請求先］……最寄りの役所での一括請求が可能

●被相続人の住民票除票
登記上の名義人と同一人物かどうかを確認するため。
［請求先］……死亡時の住所地の役場

●相続人全員の戸籍謄本
相続人を確認するため。被相続人が死亡後の日付けのもの。

●不動産を相続する人の住民票
土地・建物を相続する人の住民票。本籍の記載のあるもの。期限はない。

●不動産登記事項証明書
登記簿の内容が載った証明書。地積などを確認するときに必要。

●遺産分割協議書
話し合いで法定相続分と異なる相続方法に決めたときに作成。遺産分割協議をした人全員が署名押印（実印）して、印鑑証明書を添付。

●固定資産評価証明書
登録免許税を算出するため、登記申請日と同一年度の証明書が必要。

●登録免許税
土地・建物の固定資産税評価額（1,000円未満切り捨て）の1,000分の4（100円未満切り捨て）。収入印紙で納付。

土地の評価額の算出方法

土地の評価額は、基本的には、固定資産評価証明書の評価額が課税価格になりますが、不動産登記事項証明書に「持分」とある場合は、計算し直す必要があります。

不動産登記事項証明書

権利者その他の事項
原因　昭和４９年８月２３日売買 共有者　所沢市[redacted] 持分９万２９９４分の７９９８ 永　峰　康　雄 順位２番の登記を移記

筆者の親の家の「87–37」（地番）の「権利部（甲区）」の「順位番号1」。「権利者その他の事項」に「持分」と書かれています。

「持分9万2994分の7998」と記述されています。

固定資産評価証明書

市調区分	㎡当類似宅地価格（円）
評価額（円）	
備考	
市街化区域	82,000
	1,172,600

筆者の親の家の「87–37」（地番）の固定資産評価証明書。評価額が1,172,600円と表示されています。この金額に持分を掛け合わせる必要があります。

1,172,600 × 7,998 ÷ 92,994 = 100,850

↑評価額　↑持分　↑課税価格

村の窓口でも、戸籍等を請求できるようになりました。最寄りの役所での一括請求が可能になったのです。書類集めのハードルは相当低くなりました。

書類を集めたら、登記申請書の作成に入ります。登記申請書は、法務局のホームページにアクセスし、「不動産登記申請手続」のページからダウンロードできます。

登記申請書には、土地や建物の課税価格（固定資産税評価額）を算出し、その評価額から登録免許税を計算して、それを記述していきます。

固定資産税評価額は、市区町村の窓口で入手できる「固定資産評価証明書」に記載されています。

なお、私の親の家の住所は「○○87-57」ですが、実際には、もっと細かく地番は分かれているケースがほとんどです。私道などがある場合です。私の親の家の固定資産評価証明書には「87-37」「87-59」

「87-54」「87-57」の４つの地番が書かれており、それぞれ評価額が記載されています。

「持分」が記入されていたら要注意

ここで注意してほしいのは、そこに書かれている評価額が、そのまま登記申請の際の課税価格になるとは限らないという点です。

確認すべきは、登記簿の内容がまとめられている「不動産登記事項証明書」です。法務局からオンラインで請求できますので、固定資産評価証明書に記載されている地番ごとに集めます。

この証明書の「権利部（甲区）」の「順位番号1」が、所有権の内容になっています。ここに「持分」が書かれている場合、課税価格を計算し直す必要があるのです（前ページ参照）。

なお、それぞれの地番の課税価格が１００万円以下の場合は、非課税になります。

こうして、すべての地番の課税価格が出たら、続いて建物の課税価格も確認し、すべてを合算していきます。建物は「評価額＝課税価格」です。

私のケースでは７１３万１８９７円となりました。１０００円未満の金額は切り捨てになるので、７１３万１０００円が課税価格となります。

登録免許税の計算式は「課税価格×１０００分の４」で、２万８５００円（１００円未満切り捨て）でした。登記の申請の際に払います。

あとは、これらの内容を登記申請書にまとめていけばOKです。

次ページに、私が法務局でアドバイスを受けながら作成した登記申請書を載せておきました。参考にしてください。

登記申請書の記述例

登記申請書は法務局のホームページからダウンロードできます。「登記申請書　法務局」で検索します。ここで紹介する登記申請書は、私がさいたま地方法務局でアドバイスを受けながら作成したものです。手書きでなくても大丈夫です。

登　記　申　請　書

登記の目的　　所有権移転

原　　　因　　平成31年3月26日相続

相　続　人　　（被相続人　　永峰康雄）

住所　神奈川県鎌倉市○○
氏名　永峰英太郎

移転する持分は別紙のとおり

連絡先の電話番号 090－××××－××××

添付情報
　登記原因証明情報　　住所証明情報

□登記識別情報の通知を希望しません。

令和3年3月26日申請　　　さいたま地方法務局　所沢支局

代理人　　住所

　　　　　氏名

課税価格　金7,131,000円

登録免許税　金28,500円

不動産の表示　　別紙のとおり

名義人が亡くなり、相続による所有権移転登記をする場合は「所有権移転」と書きます。

不動産の所有者が死去した日を記入します。

固定資産評価証明書と不動産登記事項証明書を見ながら、土地と建物の課税価格の合計を記入します。

登録免許税の計算式は「課税価格×1000分の4」。私のケースでは、28,500円（100円未満切り捨て）となります。

不動産の表示

不動産番号　0318000222×××
所　　　在　所沢市[redacted]
地　　　番　87番地54
地　　　目　宅地
地　　　積　10・10平方メートル

不動産番号　0318000222×××
所　　　在　同所
地　　　番　87番地57
地　　　目　宅地
地　　　積　69・98平方メートル

不動産番号　0318000222×××
所　　　在　同所
地　　　番　87番地37
地　　　目　畑
地　　　積　143・00平方メートル
（移転する持分9万2994分の7998）

不動産番号　0318000222×××
所　　　在　同所
地　　　番　87番地59
地　　　目　宅地
地　　　積　43・00平方メートル
（移転する持分9万2994分の7998）

不動産番号　0318000222×××
所　　　在　同所　87番地57、87番地54
家屋番号　87番57
種類　居宅
構造　［木・軽量鉄骨］造［セメント・瓦・亜鉛メッキ鋼板・ストレート］葺
床面積　1階　39・66平方メートル
　　　　2階　24・78平方メートル

固定資産評価証明書と不動産登記事項証明書に掲載されている全部の不動産（地番と建物）を記入します。

不動産番号は不動産登記事項証明書に掲載されています。

2022年度の税制改正で、それぞれの地番の課税価格が100万円以下の場合は、非課税になりました。私が登記した際は、非課税ではありませんでした。この地番の課税価格は79万5,400円でしたので、今であれば、非課税になっています。この場合は地積の後ろに「※租税特別措置法第84条の2の3第2項により非課税」と記入します。

不動産登記事項証明書の「権利部（甲区）」の「順位番号1」に「持分」が記されている場合、ここに記入します。

建物については、不動産登記事項証明書に、構造や床面積などが記されているので、そのまま記入していきます。

5-3

申請書一式をまとめて、法務局に提出しましょう

登記申請書が完成したら、「所有権移転登記（不動産登記）」を行います。登録免許税の印紙を貼った用紙と、155ページで紹介した書類を一式取りそろえて提出します。書類の綴じ方は次ページを参考にしてください。提出先は、不動産の所在地を管轄する法務局になります。

登記申請の方法は「窓口申請」と「郵送申請」のいずれかを選択しますが、自分で登記申請書を作成する場合は、書き間違いや計算ミスもあり得ます。この点を考慮し、各地方法務局では、「対面」「電話」「ウェブ」のいずれかの方法で、事前予約をすることで、無料でアドバイスを行うサービスを行っています。法務局の担当者に聞いたところ、「『ウェブ』は、書き上げたものをもとにアドバイスを受けることはできない」ということでしたので、「対面」の一択だと思ってください。予約は電話で取ります。

なお、いきなり「窓口申請」した場合は、書類のチェックは受けられませんので、注意してください。

対面してチェックを受けるのがオススメ

私は、すべての書類を揃えた段階で予約を取り、対面でチェックを受けました。数点の間違いの指摘を受け、修正の仕方を教えてもらいました。

対面してアドバイスを受けるのは、遠方に住んで

登記申請書の綴じ方

登記申請書の綴じ方には、絶対的なルールはありませんが、私が実際に申請した際の綴じ方を紹介します。

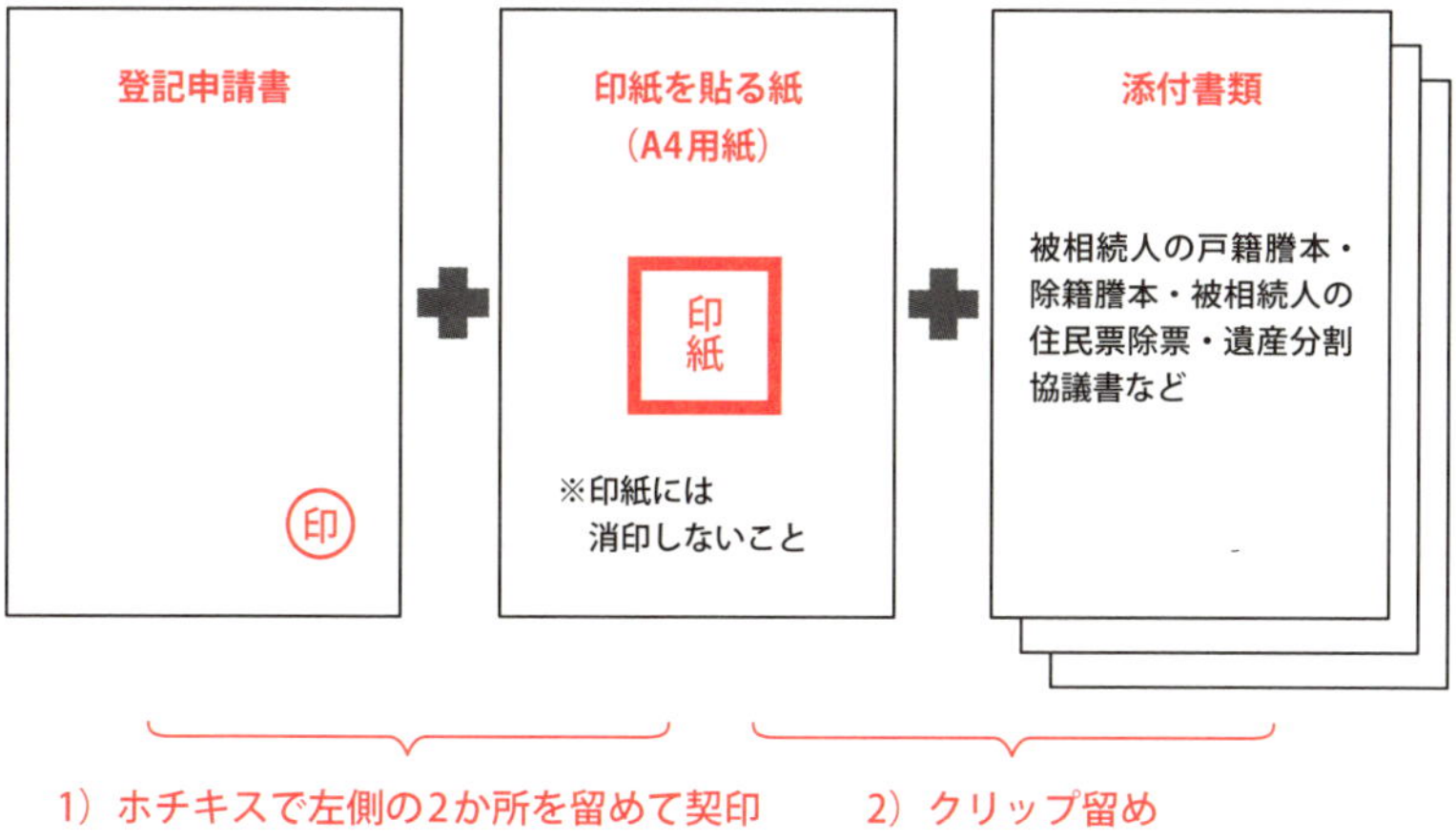

いると難しいかもしれませんが、帰省にあわせてチェックを受けることをおすすめします。

窓口で申請すると、「登記完了予定日」を教えてくれます。郵送の場合は、各法務局に電話をして予定日を聞くようにします。

登記完了予定日までに、補正の連絡がなければ、登記完了です。法務局の窓口、もしくは郵送で「登記識別情報通知」と「登記完了証」を受け取ります。

2024年4月1日より相続登記の申請が義務化され、不動産の所有者になった3年以内に相続登記をする義務が生じるようになりました。期限を超えれば、10万円以下の過料が科せられます。

親が亡くなったら、早めに相続登記を行うことで、「いつでも家が売れる」状況になり、売りどきを逃さなくなります。3年以内とは思わず、迅速に登記手続きをすることをおすすめします。

5-4

親の家の名義人を、存命のうちに、配偶者や子どもに変える

本書では、相続時のトラブルを回避するためにも、遺言書の作成が大切であると伝えてきました。**しかしながら、遺言書にも弱点はあります。被相続人の死後にのみ、その効力が発生するという点**です。例えば「親の家を長男に相続させる」とあっても、本人が存命なうちは、実行できません。

亡くなったあとでも支障はなさそうですが、**問題は「名義人が認知症になった」場合**です。

私の母が亡くなったとき、親の家を売って認知症の父を民間の老人ホームに入れようとしましたが、家の名義人である父が認知症だったために、そのアイデアは却下となりました。

家の名義人が認知症になったり、重篤な病気を患い、自ら署名などができなくなると、たとえ自分の家であったとしても、売ることは難しくなります。それゆえ、私は売ることをあきらめたのです。

親の家を売らないことには、親の介護資金がまかなえないケースは多いはずです。

名義人を変更する

そこで視野に入れておきたいのが、名義人の変更なのです。31ページで触れましたが、認知症の症状は、ゆっくりと進行していく傾向にあるので、親の認知症が疑われた時点で、名義人を配偶者か子ども

贈与税の配偶者控除

名義人に認知症の気配があったら、配偶者が元気であれば、名義を変えることを視野にいれます。このときは、この制度を利用するのもよいでしょう。

条件	婚姻期間が20年以上
贈与財産	国内の居住用不動産、または居住用不動産の購入資金
控除額	最高2,110万円まで、贈与税がかからない
居住期間	贈与を受けた年の翌年3月15日までに、贈与された不動産に居住し、その後も引き続き居住する予定であること
税務署への申告	税務署への申告が必要

に変更するのも1つの方法です。そうすれば、お金が必要になった時点で、家を売却できます。それだけに、**老いた親の日常をしっかり観察するのは、子どもの大切な義務だといえるのです。**

ここで注意したいのは「贈与税」です。家の名義人の変更は、贈与にあたり、贈与税が発生するのです。贈与税の税率は高く、例えば、土地と建物の評価額が600万円の場合、68万円にもなります。

この出費を覚悟のうえで、名義変更し、家を売却するのも、1つの選択肢となりますが、相続税が発生しない場合は、2500万円までの贈与が非課税になる「相続時精算課税制度」の活用をおすすめします（76ページ参照）。

一方、配偶者への変更は、2110万円まで贈与税を控除できる「贈与税の配偶者控除」を利用するとよいでしょう。

5-5

親に「親の家」に関する書類を揃えてもらいましょう

私が親の家を売却する過程で、「ある」と「ない」とでは大違いだと思ったのが、「実家の購入費用がわかる契約書」でした。売った際に発生する譲渡所得税が安くなる可能性が極めて高くなるからです。

譲渡所得税は、売却した年の確定申告時に発生する費用で、計算式は、次ページの通りです。契約書があれば、その金額の多くが「取得費」に充てることができるのです。

土地の価格はそのまま取得費として計上できます。一方、建物は長期所有の場合、減価償却でほぼ0円となります。家の総額しかわからない場合は、固定資産税評価額から按分します。

例えば、1000万円（土地500万円）で購入した築15年の木造住宅を700万円で売却した場合、契約書があるとないとでは、譲渡所得税は30万円ほどの差が出ます。

契約書は処分される前に聞き出す

譲渡所得税が高くなると、住民税や社会保険料もアップします。私のケースでは、譲渡所得税が82万円で、住民税や社会保険料は、普段よりもあわせて50万円ほどアップしました。

私は、親の家の維持中に、書類等は処分してしまっており、契約書は見つかりませんでした。今で

家を売却すると発生する譲渡所得税の計算式

税率は住宅の所有期間で変わります。基本的に親の家の所有期間は5年以上のため、下に挙げた税率になります。

譲渡所得税 ＝ 課税譲渡所得 × 税率（所得税率15.315%、住民税率5%）

譲渡収入金額 －（取得費 ＋ 譲渡費用）－ 特別控除

- 取得費：ポイントとなるのが「取得費」。家の価格がわかる契約書がある場合は、土地の価格はその金額が取得費になる。建物の価格は長期所有の場合、減価償却でほぼ0円。一方、契約書がないと、「売却価格の5%」が取得費になる。
- 譲渡費用：売却時の仲介手数料、測量費、印紙代など。
- 特別控除：マイホームなら3,000万円の控除などがある（178ページ参照）。

も、最大のミスだったと後悔しています。

ぜひ、今のうちに、親に契約書の在り処を聞いておきましょう。なお、**契約書がない場合は、購入した不動産屋や工務店に聞いてみるのも、1つの方法です。**書類が残っているかもしれないからです。

また、「確定測量」の書類も揃えてもらいます。確定測量とは、隣地所有者立ち合いのもと、境界を確定させる作業です。家を売却する際は、測量士に依頼し、隣家全員から署名捺印をもらい「確定測量図」を作ります。

私は実家を売却する以前、裏Aと隣Bの家が売却され、その際に、私が立ち合い、確定測量をしていました。この書類があれば、私が家を売却する際は、AとBについては、再度確定測量をする必要はないのです。その分、費用は浮きます。親にその旨を伝え、残しておくように伝えましょう。

5-6 親の家の売却時、大きな足かせになる問題は解決しておく

家を売るには「抵当権の抹消手続き」を行う必要があります。抵当権とは、債権者（金融機関）が、土地・建物を担保にできる権利のことで、その旨が登記簿に記載されます。抵当権の対象となる住宅ローンを完済すると、抵当権は自動的に消滅します。

また、親が住宅ローンの団体信用生命保険に加入していて、死亡をきっかけに住宅ローンが完済されるケースでも、抵当権は消滅します。

しかし、抵当権そのものはなくなったとしても、登記簿には、記載されたままの状態なのです。親や子どもが、自ら抹消手続きをする必要があります。

この手続きを「抵当権抹消登記」といいます。

抹消手続き済みであれば、紙の登記簿の場合、「抵当権設定」に×印が引かれています。全部事項証明書には、下線が引かれています。書類をチェックしてみて、これらの印がない場合は、まだ手続きをしていない状態ということになります。

抹消手続き済みでないと、家は売れない

抵当権の抹消手続きは義務ではありません。住んでいる状況では、何の不都合もありません。

しかし、この状態のままでは「不動産の売却」が難しくなります。買う側にしてみれば、**抵当権が残っているように見えるからです。**

抵当権の抹消手続きと境界線の確定の手順

［抵当権の抹消手続き］　家の売却時には、抵当権の抹消が求められます。必ず親に手続きをしてもらいましょう。

step1　手続き済みか確認

抹消手続き済みであれば、紙の登記簿の場合、下のように「抵当権設定」に×印が引かれています。全部事項証明書は、下線が引かれています。これらがないのであれば、手続きをしていない状態です。

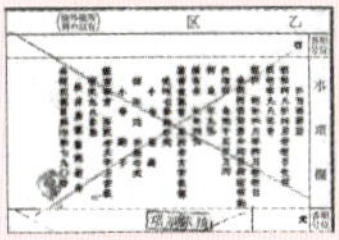

step2　書類を揃える

住宅ローンを完済した際、銀行から以下の書類が送られてきます。捨ててしまっている場合は、銀行に連絡をして再発行してもらいます。
〈必要なもの〉
登記済証または登記識別情報弁済証書

step3　司法書士に依頼

司法書士に依頼しても、費用は数万円程度です。書類の再発行もまかせてOKです。

［境界線の確定］　土地の境界があいまいなままだと、家の売却ができません。今のうちにはっきりさせておきましょう。

step1　確定済みか確認

親の家の隅々に境界を示す「境界標」があるかチェック。また法務局から地積測量図を取得し調べます。これらがない場合は、境界線があいまいな状態です。

step2　お隣さんと話し合う

境界線があいまいな場合、お隣さんに境界線の確定を打診します。「このままだと、将来的にお互い面倒になる」と伝えれば、理解は得られやすくなります。

step3　土地家屋調査士に依頼

境界線確定は、土地家屋調査士に依頼します。費用は35万～40万円程度です。

住宅ローンを完済すると、金融機関から、抵当権抹消に必要な「登記識別情報（あるいは登記済証）」「登記原因証明情報」などの書類が送付されます。

しかし現時点で、抹消手続きをしていないとなると、これらの書類は紛失している可能性が高いでしょう。この場合は、金融機関に再発行を依頼します。

皆さんは、親がどこの金融機関で住宅ローンを組んだのか、わかりますか？　ほとんどの人が、首を横に振るはずです。それだけに、親が元気なうちに、抹消手続きをしてもらうべきなのです。

「境界線の確定」もしておきましょう。165ページで、隣家全員が署名捺印する「確定測量」について触れましたが、そもそも隣家との境界がはっきりしていないと、測量はできません。隣の家と何となく境界線を決めているだけのケースも多いのです。境界線の確定の仕方は、上の図の通りです。

5-7

親の家の「家屋」の価値を見極めましょう

建築物の設計において適用される地震に耐えられる構造の基準は、現在は「新耐震基準」ですが、1981年5月31日以前は、「旧耐震基準」でした。**基本的に旧耐震基準の家は、価値が下がります。**

私の親の家は、1974年築の木造建築なので、旧耐震基準です。それもあり、私は家を売却するにあたり、家屋の価値はゼロと決め付けていたのですが、そうとも言い切れないと、今は思っています。

私の友人は、茨城県取手市の旧耐震基準の親の家を売却する際、不動産仲介業者から「家はきれいに維持されているので、この家屋に住みたいと思う人はいるはず」と言われ、実際に予想以上の価格で売れました。

旧耐震基準の建物であっても、きれいに維持されていたり、趣のあるものであれば、それを求める人は一定数いるのです。

家屋の価値がゼロでなければ、売却時の価格は上がることになります。相続財産を増やすためにも、家屋の価値の見極めは大切だといえるのです。

木造の建物は「雨漏り」と「シロアリ被害」さえなければ、70〜80年程度はもちます。それだけに、この2つの事象の有無のチェックが大切です。前者は事象が出ていれば一目瞭然ですが、屋根裏など自分で確認するのが難しい箇所は、雨漏りの専門業者に調べてもらいます。後者は、シロアリ業者に依頼します。

新旧耐震基準の比較

耐震基準とは、一定の強さの地震に耐えられるよう、建築基準法が定めた最低限クリアすべき基準のこと。これまで3度の改正がされています。

旧耐震基準（1981年5月31日以前）
- 震度5強程度でほとんど損傷しない

▼

現行

新耐震基準（1981年～）
- 震度6強以上でも倒壊しない
- 木造の壁量の見直し

▼

一部見直し（2000年～）
- 耐力壁の配置やバランスの強化
- 土台・柱・梁など金物を使っての強固な接合など

「中古物件＝危ない」という認識は薄まっている

一方、新耐震基準であれば、家屋付きで十分売れます。国土交通省の調査（２０１８年）によると、国内の住宅のうち約87％が、新耐震基準を満たしています。

また、２０００年には、さらに耐震基準の規定が強化されたため、親の家が、この規定に則って建築された家屋であれば、需要はかなり高いといえます。

こうした事実により「中古物件＝危ない」という認識は薄まっているといえるのです。

私は結局、家屋の価値はゼロととらえ、家を維持するときも、家の外部（庭）を重視し、家の内部はほったらかしでした。もし、しっかり維持していれば、「この家屋に住みたい」という人がいた可能性もあったかもしれないなと、今は思います。

5-8

空き家になったら「維持」か「売却」かを決めましょう

「親が老人ホームに移る」「親が亡くなる」などにより、親の家が空き家になったら「維持」か「売却」のどちらかを選択することになります。

まず、**親が存命で、老人ホームの費用が必要な場合などは、売却が現実的ですが、それでも、本人の意思を尊重すべき**です。

私の知人は、半ば強引に親のマンションを売り、親は老人ホームに入ったのですが、その後、ことあるごとに「家に帰りたい」と言うようになり、知人は精神的に参ったそうです。

ただし、家の維持には、コストが発生します。詳細は次項で触れますが、維持費用の負担が大きい場合は、親に伝え、売却を検討すべきです。

親の家の維持費用を考える

親が亡くなった場合は、まずは、維持費用の概算を出してみて、その負担がきつければ、早めの売却を選択しましょう。

一方、それほど負担ではなく、兄弟姉妹の間で「まだあんまり売りたくないなぁ」ということで意見が一致する場合、売却を焦る必要はありません。

私が親の家を売却すると、その場所に新しい家が建ったのですが、それを見たとき、自分でも驚くほどの故郷を失った喪失感に襲われました。

子どもが空き家を維持するメリット・デメリット

[メリット]

❶故郷が保てる

親の家を売ると、故郷が1つ消滅することに。維持していれば、故郷を保て、喪失感はなくなります。

❷子どもが住む選択が残る

今は、親の家に住む選択がなくても、将来的に経済上の事情などで、子どもが家に住むこともあり得ます。

❸ご近所さんと付き合える

幼少期に可愛がってもらったご近所さんや、地元の同級生などと、再び交流できるようになります。

[デメリット]

❶維持が大変

空き家を維持する以上、近所迷惑にならないように、草むしりなど、家の保全に力を注ぐ必要があります。

❷税金がかかる

固定資産税や都市計画税といった税金がかかってきます。都市部の場合は、その金額はかなり高くなります。

❸お隣さんに気を遣う

ご近所さんにとって、空き家は、はっきりいって良い気持ちはしません。それだけに挨拶などは欠かせません。

そのことを、同じく親の家を売った友人に話すと、「私は怖くて行けない。すごく寂しい気持ちになりそうだから」と言いました。

私は父の死後、数年が経過したとき、親の家を売ったのですが、その一番の理由は「近隣に知らない人も増えてきて、空き家に不安を抱かれている」と思ったからでした。それでも、喪失感はあるのです。

それだけに、**近隣に迷惑をかけないのであれば、焦らなくてもいいと、私は思います。せっかくの故郷なのですから、大切にすべきです。**

維持することで、幼少期可愛がってもらったご近所さんと、再び交流できるのも、私はうれしかったです。子どもが住む選択を残すこともできます。

こうして、**空き家になった「親の家」の方向性を決めたら、それぞれ相続財産を増やす気持ちで、維持したり、売却に向けて動いていきましょう。**

5-9

空き家を維持するためにかかる費用を把握しましょう

空き家を維持するなかで、一番大きくのしかかってくるのが「税金」で、「固定資産税」と「都市計画税」の2種類になります。

税額の算出方法は、評価額に税率をかけて、計算します。税率は、固定資産税は1・4%、都市計画税は0・3%（市区町村で異なる）が基本です。なお、都市計画税は、課税されない地域もあります。

家屋が建っている土地は、200㎡までの小規模住宅用地であれば、「住宅用地の特例」が受けられ、固定資産税が6分の1、都市計画税が3分の1に減額されます。200㎡以上は、固定資産税が3分の1、都市計画税が3分の2に減額となります。

私の実家は、埼玉県所沢市にあり、年間3万2400円程度の税金がかかりました。ちなみに更地にした場合は、年間10万円弱になります。空き家を解体してしまうと、「住宅用地の特例」が受けられなくなるからです。

税金面以外でも、さまざまな費用が発生

税金以外の費用では、まずは、無人の家を維持するうえで必須の火災保険料が発生します。補償内容は絞ってOKです。私は盗難や水災などは付けずに、シンプルな保険内容に変えて、年間2万5000円程度に抑えました。

空き家を維持するための費用

空き家を維持していく以上、さまざまな費用がかかってきます。「いる・いらない」を見極めて、できるだけ安く済むようにしましょう。私が実家を維持したときに発生した年間費用を紹介します。

ライフライン	電気	電気は、解約するべきではありません。滞在時、掃除などのときに使用します。	約4,500円
	ガス	ガスは、電気で代用がきくと判断し、しかも危険を回避するために、契約を解除しました。	0円
	水道	草むしりやトイレの使用、飲料などを考えると、必須のため、契約をし続けました。	約1万2,000円
	固定電話	必要かなと思って、契約を続けました。結果的に、まったく使うことはありませんでした。	約3万4,000円
保険	火災保険	火災保険の加入は必須です。ただし、シンプルなものに変更してかまわないと思います。	約2万5,000円
	そのほか	契約していません。セキュリティサービスに加入する場合は、その費用がかかります。	0円
庭	剪定	自分でも雑草刈りをしつつ、年２回シルバー人材センターを活用しました。	約3万円
移動費	高速代	子どもの家と実家の距離が遠く離れていると、移動費が相当かかってきます。	約5,000円

水道光熱費もかかります。私は、ガスは解約し、家の掃除の際に必要となる電気と水道は維持し、年間計1万6000円程度でした。固定電話も念のため維持したので、年間3万円程度かかりました。

庭の剪定費用も発生します。雑草の生長のスピードは、想像以上の速さです。私は自分で刈りつつも、シルバー人材センターも活用し、1回1万5000円程度で年2回依頼しました。

そして、**遠方に住んでいる場合、かさむのが、自分自身の移動費**です。私の実家は所沢のため、住まいのある鎌倉からの費用はたかが知れていますが、東京在住の友人の実家は大分で、安い航空券を使っても、往復3万円以上かかるそうです。

私の場合、空き家の維持費用は、年間10万円強になります。こうした費用を算出してみて、維持するのか否かを決めていきましょう。

5-10

空き家の維持管理の仕方で、相続財産はアップします

親の家の「家屋」に価値があると判断したら、家屋の維持には力を注ぎましょう。

まずは、家の片づけです。親の家を売却する際は、多くの場合、不動産屋と「家は空っぽにする」という取り決めを交わします。売る側は「一般廃棄物処理業者」にアポイントを入れ、見積もりを取ったのち契約を結び、一気に、部屋のなかを空っぽにするのが基本です。

そのため、自分たちですべて処分するとは考えずに、空き家で快適に暮らせる程度に、整理整頓をする程度でいいと思います。

ところで、空き家を維持し始めると、痛感するのが「劣化スピードの想像以上の速さ」です。これには理由があります。

久しぶりに空き家の屋内に入ると、どんよりとした空気が漂っているものです。これは湿気が充満しているからです。人が住んでいるときは、空気の入れ替えは自然に行っています。しかし、空き家になれば、空気は外に出ず、湿気がこもってしまいます。

湿気対策をすれば、家の状態は保たれる

この湿気が、家屋の老朽化を推し進めます。それだけに、帰省時の空気の入れ替えは必須です。玄関はじめ、あらゆる窓を開け、換気扇をまわして、1

空き家の維持の仕方

空き家は放っておくと、加速度的に劣化していきます。そうなると、家屋の価値はどんどん下がっていきます。しっかりと維持していきましょう。

●空気の入れ替え
閉め切った屋内には湿気たっぷりの空気がこもり、カビなどの原因に。窓や玄関を開けて、1時間程度、空気を入れ替えます。

●通水
排水溝のニオイは、下水につながる管にある排水トラップが乾燥しているからです。台所、洗面所などの水を1分ほど流し続けます。

●室内の掃除
カビは、ホコリやチリを栄養素にしています。カビを発生させないために、掃除機などをかけて、きれいに保つようにしましょう。

●シロアリ・雨漏りチェック
両者ともに自分では確認できないケースもあります。その場合は専門業者に調べてもらいます。修繕可能であれば直します。

時間程度そのままにして、家全体の空気を新鮮なものに入れ替えます。押し入れを空っぽにすることも、湿気対策になります。

同時に、掃除もしましょう。カビは、ホコリやチリなどを栄養にして育っていくからです。

ニオイ対策も講じます。空き家になると、排水口や水回りから不快なニオイが発生します。台所や洗面所などの下水につながる管は、基本的にS字に曲がっています。これを「排水トラップ」といいます。曲がった部分に水がたまって、下水道のニオイが上がってこないようにしているのです。

しかし、長期間放置していると、この水が蒸発し、ニオイが上がってきます。そのため、帰省時には、1分ほど水を出しっぱなしにしましょう。

こうした取り組みをすることで、家屋の劣化を最小限にとどめることができます。

5-11 空き家の維持で、尽力したいご近所さんとの良好な関係

空き家を維持する期間、私が一番力を注いだのは、ご近所さんとの良好な関係性を築くことでした。

私の実家の両隣には家がびっしりと建っていました。そんなご近所さんが抱いているのは「あの空き家、大丈夫かな」という不安です。

それだけに、彼らが不安を覚えないように、できる限りの対策を講じる必要があります。

屋内だけでなく屋外の維持管理を徹底する

まず、174ページで触れた、家屋の老朽化を防ぐ取り組みは必須です。しかし、それだけでは不十分です。屋外の維持管理も徹底する必要があります。

一軒家の空き家の維持管理を行ううえで、私が一番苦労したのは、「雑草の手入れ」でした。

雑草でボーボーの空き家が近隣にあったら、住民は不快感と不安を覚えます。

私は、雑草の除去は、特に梅雨から夏にかけて力を入れるとともに、庭木については、シルバー人材センターを利用して、根本から切り落としました。

水道管の凍結による破裂の予防も行います。私は一度、破裂させてしまったのですが、その原因は、冬の時期に水抜きを怠ったからでした。

水道管が建物内に入る前に「水抜き栓」が取り付けられており、閉めることで、水の流れが止められ

空き家は、屋外の維持も大切

空き家を管理する際、かなり面倒になるのが、雑草の除去です。しかし、ご近所さんとの良好な関係を維持するためには、必須だと肝に銘じましょう。

●雑草の除去
雑草は、特に梅雨から夏にかけては、凄まじい勢いで生長していきます。この時期は、入念に雑草を除去する必要があります。

●庭木の管理
庭に木を植えている場合は、業者に依頼して、ばっさりと根元から切り落とします。台風で折れるなど危険が多いからです。

●水抜き栓を閉める
冬場は留守中は水抜き栓を閉めて、凍結を防ぐようにします。特に寒い地域に家がある場合は、絶対に忘れてはいけません。

●郵便物の整理
玄関の郵便受けに、郵便物が溜まると、空き家であることがバレて泥棒に入られる危険も。定期的に整理することが大切です。

ます。そうしたら、家のなかの蛇口を全開にして、水を出し切ります。これでOKです。

こうした対策を行いつつ、ご近所さんへの挨拶も欠かしてはいけません。私は父が施設に入った段階で「親父が帰る可能性があるので、私たちが維持します。ご迷惑をおかけしてすみません」と、お土産を持って近隣を周りました。

こうした挨拶は、幼少期から知っている人だけではなく、自分が実家を離れたあとに引っ越してきた、付き合いのない人にもすべきです。

私が8年間、空き家を維持できたのは、ご近所さんの手助けがあったからです。郵便受けの確認、ゴミ捨ての代行など、本当に助けてもらいました。水道管が破裂した際は、お隣さんが水道の元栓を締めてくれて、難を逃れることができました。

ご近所さんとの良好な関係の維持に努めましょう。

5-12 特例を使って、譲渡所得税は「ゼロ」を目標に売却しましょう

家を売却すると、譲渡所得税が発生しますが、164ページで触れたように「実家の購入費用がわかる契約書」があると、その額は大きく抑えられます。

しかしながら、**譲渡所得税は、基本的に「売却金額」から「購入金額」を差し引いて計算するため、売った金額が購入費用を上回ると、税金が発生します。**

また、私のように、購入費がわからないと、かなりの額の譲渡所得税が発生することになります。

こうしたケースでは、相続した空き家の売却益のうち、3000万円が非課税となる「空き家の譲渡所得の3000万円特別控除」を使うことで、譲渡所得税をゼロに近づけることができます。

この特例は、以前からあったのですが、その適用を受けるには、売り主が「建物の耐震改修」か「解体」を行ってから売却する必要がありました。

これが、大きなハードルになっていました。前者は150万円程度、後者は100万円程度の出費になります。さらに、更地になることで、「住宅用地の特例」が受けられなくなり、固定資産税や都市計画税が高くなってしまいます。

じつは、私も実家を売却する際は、更地にしてこの特別控除を利用することも考えたのですが、計算してみたところ、譲渡所得税は、解体費用を上回ることはなさそうでしたし、「更地にして、もし売れ

なかったら……」という不安もあり、活用しませんでした。

買い主による取り壊しでも特別控除の対象に

しかし、2024年1月1日より、法律が改正され「譲渡の日の属する年の翌年2月15日までに、買い主が耐震工事・取り壊し」をした場合でも、適用されるようになりました。なお、相続人が3人以上いる場合は、特別控除額の上限が2000万円と減額になりました。

中古物件を購入する側は、「購入後に解体し、新築を建てる」ケースも多くあります。その際は「解体は買い主の負担」とすることも珍しくなく、実際、私は、そのような取り決めをしました。

つまり、**改正により「空き家の譲渡所得の3000万円特別控除」は、とても使い勝手の良いものになった**のです。

この特例を使う場合は、売買契約書に買い主が期限までに解体する旨を、買い主の義務として規定し、違反した場合の規定を盛り込む必要があります。

しっかりと特例を使って、譲渡所得税をゼロに近づけていきましょう。

特別控除の新しい要件

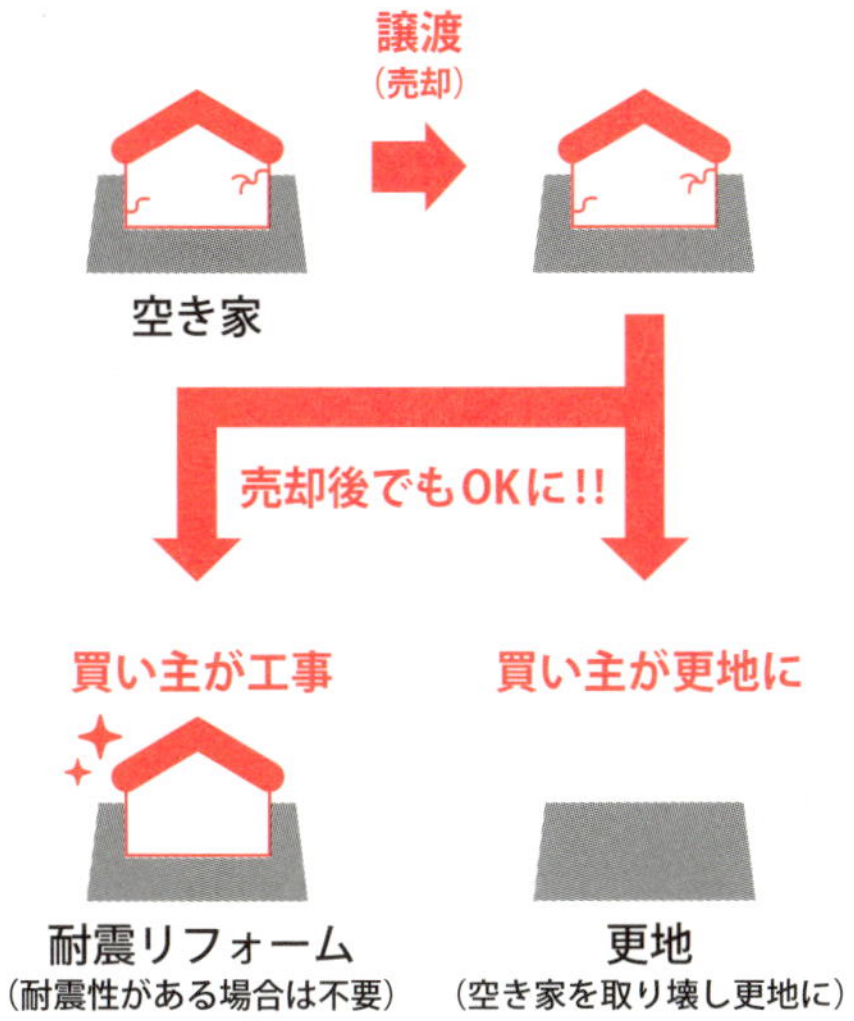

5-13

不動産仲介業者に打診する前に、相場価格などを調べておきましょう

親の死後、親の家を売るケースでは、基本的に、売り急ぐ必要はなく、ある程度、準備する時間はあります。

もちろん、維持費や税金もかかってくるため、それほど悠長に構えてはいられませんが、**親の家を一円でも高く売るための準備は、しっかり行うべきです。**

まず行いたいのが、親の家の相場価格のチェックです。「そんなの不動産仲介業者に任せれば、いいのでは？」と、思うかもしれませんが、そうなると、相手の言いなりになります。早く売りたい意識が働き、相場よりも安い価格を提示する業者も、実在するのです。**相場をつかんでいれば、業者側は「この人はちゃんと調べている」と判断し、真剣に取り組むようになります。**

不動産情報サイトで、売り出し価格をチェック

相場を知るための一番簡単な方法は、ＳＵＵＭＯなどの不動産情報サイトで、親の家の周辺エリアでの、似た物件の売り出し価格をチェックすることです。

私の場合、土地の面積も同じくらいの隣の家が更地にして売り出されており、その額が「相場」となりました。

実際の取引事例をチェックする方法もあります。**国土交通省が運営するサイト「不動産情報ライブラリ」内の「不動産価格の情報ページ」で、成約時期や地域から、親の家の周辺エリアの成約結果を確認することができます。**取引総額、土地面積・形状、建物面積、建築年、構造などがわかります。

相場をつかんだら、続いて、親の家周辺の〝現状〟を、わかる範囲で調べてみましょう。不動産の価格は需要と供給のバランスで決まります。神奈川県葉山町に住む友人は2022年に、6年前に買った家を、購入当時の額よりも900万円高い価格で売却しました。コロナ禍によるリモートワークの普及により、湘南界隈の土地が高騰したためです。こうした〝現状〟をつかんでいれば、「もう少し地価は上がるかも」といった予想を立てることができ、不動産仲介業者に相談することもできます。

〝将来性〟もチェックします。北海道北広島市は、北海道日本ハムファイターズの新球場ができたことで、地価は大きく上がったといいます。〝将来性〟が期待できるエリアであれば、売るのを待つ、というのも1つの選択肢になります。

親の家の相場価格をチェックしておけば、本当であれば、もっと高く売れたのに、という事態を避けることができるのです。

親の家の3つのチェックポイント

不動産仲介業者と契約する前に、相場、現状、将来性を調べておくとよいでしょう。

❶相場
国土交通省のサイトなどで、今現在、親の家の周辺エリアでは、実際、どんな物件がどんな価格で取引されているかをチェック。

❷現状
親の家の周辺エリアは、どんな変化が起こっているのか、をできる範囲で調べてみましょう。

❸将来性
今後、親の家の周辺エリアでは、どのような開発が行われる予定なのかをチェックしてみましょう。

5-14 親の家を売却するタイミングを見極めましょう

親の家の相場価格をつかんだら、いよいよ売却に向けたステップに入ります。ポイントは**売るタイミングです。ここを間違えると、家は売れなかったり、値段が下がってしまうので要注意です。**

一番の見極めポイントは**「競合物件の有無」**です。一戸建ての場合、同じエリア内に同じようなサイズの物件（土地）が出ていないタイミングで売り出すことで、早く、そして高く売れる確率が高まります。不動産情報サイトで、親の家の周囲の売り出し状況をチェックしましょう。供給過多である場合は、しばらく待ったほうが得策です。

同じエリア内に、異常に安い値段の物件が売り出されている場合は、その物件が売れるまで待つべきです。一方、集合住宅の場合は、同じマンション内で、同じサイズ感の売り物件があるのであれば、待ったほうがよいでしょう。

「家屋」に価値があると判断している場合は、同じエリア内で、「更地」での売り物件が多くても、気にしないでＯＫです。

１６８ページで紹介した「家はきれいなので、この家屋に住みたいと思う人はいるはず」と不動産仲介業者からアドバイスを受けた、茨城県取手市の親の家を売却した友人は、当時、周囲には「更地」が複数売りに出されていましたが、すぐに売れました。

季節も、見極めポイントになります。引っ越しの多い2〜3月は、住み替えの需要が大きくなり、高値で、しかも早く売却できる可能性も高くなります。

一方で、これらの季節は、不動産仲介業者も売却をすすめるため、売り出し物件も増え、供給過多にもなります。あえて夏に売り出し、2〜3月の相場よりも高い値段で売り切るのも、戦略の1つです。

攻めの姿勢で売るべき物件とは？

なお、希少性のある物件は、1年を通じて、売りどきとなります。「①駅から徒歩5分以内にある物件」「②都市部において、建ぺい率・容積率に余裕のある物件」そして「③売り物件が出にくい地域にある物件」などです。③については、評判の良い学校があり、住民の所得水準が比較的高いことが挙げられます。住環境や治安がよく、行政サービスの質も高めで、人気が高いのです。

これらに該当する物件であれば、攻めの姿勢で売っていくことをおすすめします。

売るタイミングの見極め方

空き家になった親の家は、それほど焦って売る必要がないケースも多いでしょう。それならば、早く・高く売れるタイミングを探しましょう。

●競合物件の有無
同じエリアに同じようなサイズの物件が出ていなければ、早く・高く売れる可能性も高くなります。出ている場合は待ちましょう。

●異常な安値の物件の有無
異常に安い値段の物件が、同じエリアに出ている場合は、ほかの物件が高く感じられ敬遠されがちです。その物件が売れるまで待ちましょう。

●更地での売り出しの有無
家屋に価値があると判断した場合、同じエリアに「更地」での売り物件があっても、気にしないで大丈夫。家屋付きを求める層はいるからです。

●季節の見極め
転勤・転職などの多い2〜3月は、需要と供給が高めです。一方で、あえてこの時期を外すのも戦略の1つになります。

5-15

不動産仲介業者との契約は「専任媒介契約」を選びましょう

家の売却を不動産仲介業者に委託するときは、媒介契約を結びます。「一般媒介契約」「専任媒介契約」「専属専任媒介契約」の3種類があります。

一般媒介契約は、売り主が複数の不動産仲介業者に、同時に売却を依頼できる契約形態です。

専任媒介契約は、1社の不動産仲介業者にのみ依頼する契約形態です。売り主に対して、2週間に1回、現状報告をする義務があります。自己発見取引も認められます。専属専任媒介契約は、専任媒介契約と基本的に同じですが、自己発見取引はできません。

では、親の家を売る場合は、どの媒介契約を選択すればいいのでしょうか。

一見すると、多数の不動産仲介業者に依頼できる一般媒介契約がよさそうに思えるかもしれません。しかしながら、仲介業者にしてみれば、自社が頑張って営業しても、他社に先を越されてしまったら手数料収入がまったく得られないため、やる気を起こさない契約なのです。

一般媒介契約はデメリットばかり

また、レインズ（国土交通大臣から指定を受けた不動産流通機構が運営するコンピュータネットワークシステム）の登録義務もありません。不動産を売るときは、1人でも多くの人の目に留まるようにす

専任媒介契約のメリット

3つの媒介契約のうち、一番使い勝手がいいのは「専任媒介契約」です。そのメリットは主に4つあります。

❶一生懸命営業してくれる
複数の会社と契約する一般媒介契約と違って、1社のみのため、仲介業者は頑張って売ろうとしてくれます。

❷レインズに登録義務がある
1人でも多くの人の目に留まるようにするには、不動産仲介業者が不動産情報を交換する場であるレインズの活用が必須です。

❸自己発見取引ができる
親戚や近所の人が、直接売り主に「買いたい」と連絡してくるケースは、意外とあります。それが認められています。

❹2週間に1回、報告義務がある
売り出し開始後、状況がどうなっているのかをきちんと報告してもらえます。こちらの相談ごとにも乗ってくれます。

ることが大事です。そこで不動産仲介業者が不動産情報を交換する場として、レインズが用意されています。ここに登録しないと、たとえ複数の業者と契約しても、不動産情報は広がっていきません。

一般媒介契約はデメリットばかりなのです。

親の家を一生懸命売ってもらうためには、「専任媒介契約」か「専属専任媒介契約」を選ぶべきです。ただし、後者は「自己発見取引できない」ため、専任媒介契約を選べばよいでしょう。私も専任媒介契約にしました。

専任媒介契約であれば、1社だけにまかせるため、広告宣伝に費用をかけるなど、力を注いで売ってもらえます。レインズへの登録が義務のため、広く告知することもできます。2週間に1回、現状を売り主に報告する義務もあります。このように不動産仲介業者とは専任媒介契約を結ぶのが、得策なのです。

5-16

親の家を売るための戦略を立てられる不動産仲介業者を選びましょう

親の家の相場価格を調べ、売りタイミングも見極めたら、実際に親の家を売っていきましょう。

最初のステップは、不動産仲介業者に簡易査定を求めることです。

査定は、ネットの一括査定サービス（無料）を利用して、複数の業者に求めましょう。ただし、簡易査定は、あくまでも目安と思ってください。

その後、簡易査定を頼んだ不動産仲介業者から数社程度にしぼり込み、訪問査定をしてもらいます。

基本的には「自分で出した相場価格」に近い金額を提示した業者を選べばよいでしょう。

訪問査定では、実際に物件や周囲の状況をチェックし、売り出し価格の目安となる査定価格を出してもらいます。このとき、売り主側からも「自分が出した相場価格」などを伝えます。

業者を選ぶときのポイント

すべての業者との訪問査定が終わったら、**そのなかから1社を選んで媒介契約を結びますが、「大手がいい」とは思い込まないこと。**

不動産仲介業者は、その規模としては、大手、中堅、中小に分かれます。査定額が同じ程度であれば「信頼できる大手に頼もう」と考えがちです。

しかし、大手の場合、1人の担当者が常時10～20

不動産仲介業者の選び方

親の家を売ろうと、一括査定を出すと、複数の不動産仲介業者から連絡が入ります。そこから業者をしぼり込んでいきますが、その見極めるポイントを紹介します。

❶希望を聞いてくれるか？
自分が出した相場価格などを伝えても、リアクションがない業者は、避けたほうが無難です。業者のペースで進めようとします。

❷売るための戦略を立ててくれるか？
周囲の状況などをチェックして、「大きめの土地はないので、そこをセールスポイントにしましょう」などと戦略を立ててくれる業者はおすすめです。

❸査定額が異様に高くないか？
相場よりも高い査定額を付ける業者もいます。単に契約を結びたいだけの可能性もあり、売り出し後、すぐに値下げをする可能性が高いといえます。

❹建築プランの提案ができるか？
土地のみを売る場合、買い主側に、工務店とつなぐなどの行為をしてくれるかを聞いておきましょう。一切しないケースだと、買い手は現れにくいでしょう。

❺売り急がないか？
対面するなり、根拠もないのに「今が売りどきです」などと言ってくる場合は、安く売ってしまおうと考えている可能性があります。

❻広告を打ってくれるか？
現在、お客さんの多くは、SUUMO、HOME'Sなどの不動産情報サイトを見て、不動産仲介業者にアポイントを入れます。この登録をしてもらえるかを聞きましょう。

物件の売却を受け持っています。「売りにくい物件」は、後回しにしがちになります。

「家屋付き」で売る場合は、希少価値があるなど、魅力のある物件である場合を除き、不動産仲介業者にとっては、新築や築浅物件よりも、売りにくい案件なのです。

それだけに、**規模にこだわらず、売るための戦略を立ててくれる業者を選ぶことが大切**なのです。訪問査定で、こちらの要望を伝えたとき、誠実に対応してくれる業者は、大いに期待が持てます。

家屋付きで売りたい場合、何の戦略もない担当者は「建物の価値はゼロ」と決め付けてきます。こちらから「家屋の価値がある」と伝えたとしても、です。不動産業界では「築20年で木造住宅の価値はゼロ」という認識が根強いからです。

良い担当者は、家屋をチェックし「〇〇すれば、売れます」などと助言してくれます。あるいは、根拠を持って「やはり家屋の価値はない」と丁寧に説明してくれます。

また、**「査定額が一番高い＝良い不動産仲介業者」とは決め付けないこと。**相場よりも高い査定額を付けるのは、単に契約を結びたいだけの可能性もあります。業者の見極め方は前ページにまとめました。

私は、中小の不動産仲介業者と専任媒介契約を結びました。決め手になったのは、「隣の売り出し中の土地とともに購入するお客様はいるはず」というアドバイスでした。大きめの土地を探している業者や個人客に働きかける、という話で、実際にその通りになりました。

1円でも高く、親の家を売る！

1社を選んだら、売り出し価格を最終的に決定します。この価格の決定権は、売り主にあります。

媒介契約を結んだら、不動産仲介業者による販売活動がスタートします。自社が持つ顧客リストや、広告宣伝、レインズなどを通じて、買い手を見つけていきます。1か月程度経過し、買い手が見つからない場合は、売り出し価格の見直しなどを行うこともあります。

申し込みがあると、不動産仲介業者から連絡が入ります。そして買い主が決まったら、不動産会社から「購入申込書」が届き、売買契約の段取りを進めます。

その後、売り主は「物件状況報告書」や「付帯設備表」を提出し、建物の状況や設備の内容を報告します。最終的に問題がないと買い主が判断すれば、売買契約を結びます。

親の家を売るためのステップ

親の家は、基本的に不動産仲介業者を通じて、売却していきます。ここで、その流れを紹介します。

❶親の家の相場価格を調べる
不動産情報サイトなどで、同じエリアで、同じサイズ感の物件の売り出し価格や成約価格をチェックします。

❷売るタイミングを見極める
競合物件の有無、更地での売り出しの有無、季節など、売るタイミングを見極めます。

❸簡易査定をしてもらう
ネットの一括査定サービス（無料）を利用して、複数の不動産仲介業者に簡易査定をしてもらいます。

❹訪問査定をしてもらう
簡易査定から不動産仲介業者を数社程度にしぼり込み、訪問査定をしてもらいます。初めて担当者と対面する機会になります。

❺不動産仲介業者を決める
査定額や人柄、知識、熱心さなどから、訪問査定してもらった業者のなかから1社を選んで媒介契約（専任媒介契約）を結びます。

❻売り出し価格を決める
不動産仲介業者と話し合い、売り出し価格を決定していきます。こちらの要望も伝えます。価格の決定権は売り主にあります。

❼売るための戦略を練る
不動産仲介業者とともに、SUUMOなどに広告を打つなど、どのように売っていくかを考えていきます。

❽室内外を掃除する
家屋に価値があると判断した場合は、室内外をきれいにします。購入希望者に家のなかを見てもらう見学会に備えるのです。

❾登記変更などを行う
親から子どもへ登記変更をまだ行っていない場合は、すぐに登記変更を行います。完了していないと家は売れません。

❿不動産仲介業者が販売開始
不動産仲介業者の顧客やレインズ、広告宣伝などを通じて、買い手を見つけていきます。売れなければ価格見直しをします。

⓫購入希望者が現れる
不動産仲介業者から「申し込みが入っています」「内覧希望が入っています」などの連絡が入ります。

⓬契約を結ぶ
購入希望者が現れると「不動産購入申込書」が届きます。その内容に納得ができたら、売買契約を結びます。

あとがき　「死亡保険」の落とし穴

本編では触れなかったものの、相続サバイバルという点で私が大きく打ち負かされたエピソードを、あとがきにかえて紹介します。

２０１８年に亡くなった父の**「死亡保険」**についてです。

その保険は、ある大手保険会社の**「利率変動型積立（終身）保険」**でした。この保険は、一見すると終身保険のようですが、まったく違います。保障部分（定期保険など）と積立部分を組み合わせたもので、**保険料の払込満了後に、積立部分で終身保険に移行できるに過ぎない保険**です。

ちなみに定期保険とは、契約時に定めた期間中に死亡した場合、保険金を受け取れる、掛け捨て型の死亡保険のこと。

一方、終身保険は、加入してから一生涯にわたって死亡保障が継続する保険です。

私の父のケースでいえば、契約途中に、外交販売員の言いなりのまま、積立部分を何度も切り崩して不要な特約に回されていました。その結果、積立部分はどんどん削られ、払込満了後に終身保険へと移行した場合、**その保障額はたったの15万円**でした。

父の保険料は、通帳を調べたところ、2009年以降、月額約3万円、それ以前は月額6万円台のこともありました。

ちなみに、オリックス生命のシンプルな終身保険の場合、25歳から80歳まで、月3万円程度の支払いで、**保障額は2500万円**になります。

なぜ、このような保険を契約してしまったのか。

これは、ひとえに**私の両親が保険について無理解で、優しく接してくる外交販売員を意味なく信頼し、任せ切っていたから**です。もう一つ、**私が親の保険について、まったく関心がなかった**ことも要因といえます。

母の死後、認知症になった父の代わりに父の財産を管理することになった私が、この保険の内容を知ったとき、**「なんで毎月こんなバカ高い保険料を払ってきているのに、たったの15万円しかもらえないの?」**と、ただただ愕然としました。

そして、担当の外交販売員と面談し、「この保険のメリットはいったい何でしょうか?」と質問しました。しかし彼女は、的確に答えることはできませんでした。

外交販売員は、顧客のライフプランなんて真剣に考えてはおらず、**会社の利益だけを考えていた**と、そのとき確信しました。

親の世代は、子どもの世代以上に、自分の生命保険の内容を理解していません。

生命保険文化センターの「生命保険に関する全国実態調査」(2024年)によると、営業職員を通じて保険に加入する割合は44・8%で、さらに「特に商品比較をしなかった」が69・7%にのぼっています。

カタカナ生保や外資系生保が増えている今でさえ、この状況なのです。昔はもっと、この比率が高かったはずです。

私の正直な気持ちを吐露するならば、「シンプルな終身保険だったら、結構な額を相続できたのになぁ」です。

私のような事態にならないためにも、どうか皆さんは、**両親がどのような死亡保険に加入しているのかをチェック**してください。そして親に「保険の内容は理解しているの？」と聞いてください。

その結果、保険内容を理解していなかったり、誤解していた場合は、現時点でどんな保険内容を求めるのかを、親と話し合ってください。

そして、保険会社の担当者と会って、見直しをしていきましょう。埒が明かなければ、乗り換えも検討しましょう。

もちろん、親の年齢が高ければ高いほど、見直しできる内容には限りがあります。しかし、親や子どもにとって、少しでもプラスになるものに変えることができれば、それでいいのです。最善を尽くしたのですから。

本書を手に取った皆さん！　本書で紹介した内容をもとに、重箱の隅をつつく気持ちで、少しでもマイナス相続を減らしていってください。

相続に関する心配事がなくなれば、**安心して親の老後に寄り添っていけます。**

遺言書などを作っても、兄弟姉妹関係がすごく良くて、結果として必要がなかったといったケースもあるかもしれません。そうしたら、**みんなで「取り越し苦労だったね」と、笑いあえばいい**のです。

最後に、私の本を読んで出版依頼をしてくださった、東洋経済新報社出版局の若林千秋さん、本当にありがとうございました。そして、本書を手に取ってくださった読者の皆様には、感謝の気持ちでいっぱいです。

一人でも多くの方が、親が大切に遺してくれた財産を、最大限に引き継げるように願っています。

２０２５年３月吉日

永峰英太郎

著者・監修者紹介

【著者】

永峰英太郎（ながみね・えいたろう）

1969年東京都生まれ。明治大学政治経済学部卒業。業界紙・夕刊紙記者、出版社勤務を経てフリー。企業ルポ、農業ルポ、人物ルポを得意とする。主な著書に『日本の職人技』『「農業」という生き方』（以上、アスキー新書）、『日本の農業は“風評被害”に負けない』（共著、アスキー新書）、『カメラど素人が、プロのカメラマンに撮影のテクニックを教わってきました。』（技術評論社）、『家系図をつくる。』（自由国民社）がある。また、母親の末期がんや父親の認知症の体験をもとにした著書に『70歳をすぎた親が元気なうちに読んでおく本』（二見書房）、『親の財産を100％引き継ぐ一番いい方法』（ビジネス社）、『マンガ！ 認知症の親をもつ子どもがいろいろなギモンを専門家に聞きました』（宝島社）、『認知症の親と「成年後見人」』（ワニブックスPLUS新書）、『これで安心“もしも”のときに子どもに迷惑をかけないための準備ブック』（永岡書店）、『親の家を売る。』（自由国民社）がある。

メールアドレス　eitaro.nagamine@gmail.com

【監修者】

速水陶冶（はやみず・とうや）

司法書士法人はやみず総合事務所代表／司法書士

1979年東京都生まれ。事業に失敗した父親が作った借金のために貧乏な少年時代を過ごす。悪友と遊びに没頭し高校を中退。その後、さまざまな職を転々とするも一念発起して法律家の道へ。学歴不問で受験できる国家資格・司法書士を目指す。アルバイトで学費を稼ぎながらチャレンジするも6度受験に失敗。7度目にして難関の司法書士試験に合格。現在はこれまでの経験を活かし、相続や債務整理などの分野に取り組んでいる。

大塚英司（おおつか・えいじ）

税理士法人トゥモローズ代表／税理士

埼玉県所沢市出身。東日本税理士法人、EY税理士法人を経て、税理士法人トゥモローズ代表社員就任。相続専門の税理士法人を主宰し、年間300件超の相続税申告を取り扱っている。相続に関する案件は、最新情報を駆使しながらクライアント目線を貫き、徹底的な最適化を実現している。

マイナス相続サバイバルガイド
人生を棒に振らないためにやっておきたいこと、ぜんぶ

2025年5月6日発行

著　者――永峰英太郎
監修者――速水陶冶／大塚英司
発行者――山田徹也
発行所――東洋経済新報社
〒103-8345　東京都中央区日本橋本石町1-2-1
電話＝東洋経済コールセンター　03(6386)1040
https://toyokeizai.net/

装　丁……………渡邊民人（TYPEFACE）
D T P……………アイランドコレクション
製　版……………朝日メディアインターナショナル
カバーイラスト……高田真弓
印　刷……………TOPPANクロレ
編集担当…………若林千秋

 Printed in Japan　ISBN 978-4-492-04772-9